바람공방의
무늬 패턴집 200
KAZEKOBO'S FAVORITE
PATTERNS

Contents

Knit & Purl
겉뜨기와 안뜨기……p4

Lace
레이스……p24

Cable & Aran
케이블과 아란……p52

Rib & Twist
고무뜨기와 돌려뜨기……p86

Basic Symbols
대바늘뜨기 기호……p100

제가 대바늘뜨기를 시작했을 때는 기호도를 볼 줄 몰라서
겉메리야스뜨기, 안메리야스뜨기, 가터뜨기, 멍석뜨기, 고무뜨기로만 작품을 만들었습니다.

70년대 프랑스 주간지에 근사한 니트가 실려 있는 걸 보고 어떻게 뜨는지 알고 싶어서,
사전과 씨름하며 해독했습니다. 손뜨개 기호의 의미를 알게 되면서부터는 기호대로 뜨면,
내가 본 편물 사진과 같은 무늬를 뜰 수 있다는 사실에 가슴이 벅차올랐습니다.

실 한 가닥이 뜨개를 하면 면이 되고, 겉뜨기와 안뜨기, 교차뜨기를 하면
올록볼록한 무늬가 생깁니다. 2코 모아뜨기를 하고 실을 걸면 구멍무늬가 되고,
그걸 반복하면 레이스 무늬가 됩니다. 스와치를 뜰 때마다
새로운 무언가를 발견하는 재미가 있어서 뜨개를 멈출 수가 없네요.

뜨개 무늬는 현재까지 수많은 사람에 의해 만들어졌고 변화했으며 전해졌습니다.
앞으로도 아름다운 것을 만들고 싶다는 사람들의 욕구로 인해
실 한 가닥에서 무궁무진한 무늬가 태어날 테지요.
그중에서 보편성이 있는 무늬는 남아서 오랫동안 사랑받을 겁니다.

여러분도 이 책을 통해 뜨는 즐거움을 만끽한다면 무척 기쁘겠습니다.

바람공방

Knit & Purl
겉뜨기와 안뜨기

How to make page 117

Knit & Purl

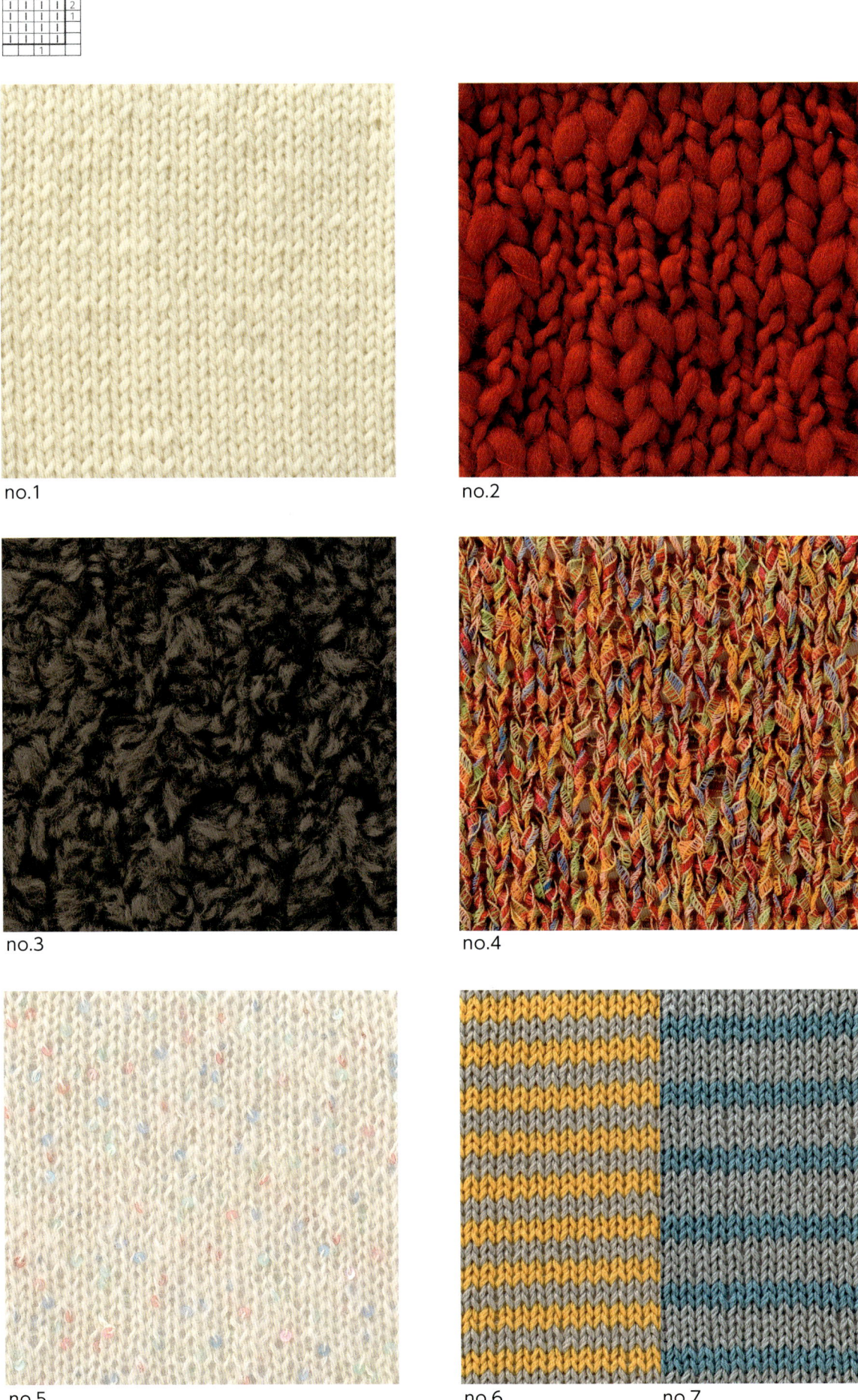

no.1

no.2

no.3

no.4

no.5

no.6　　　no.7

※no.6·7 기호도→page 121

no.8
메리야스뜨기 편물은 뜨개 시작과 끝이 겉뜨기 쪽으로, 옆선이 안뜨기 쪽으로 말리는 성질이 있습니다. 사각형 편물의 모서리만 고정해 바둑무늬로 나열하면, 자연스럽게 생기는 커브 덕분에 재미난 무늬가 만들어집니다.
기호도 →page 121

Knit & Purl

no.9
no.10
no.11
no.12 Front   no.13 Back
no.14 Front   no.15 Back
no.16 Front   no.17 Back

※no.12~17 기호도 →page 121

Knit & Purl

no.18
가터뜨기, 메리야스뜨기, 안메리야스뜨기 2단 무늬는 이랑 모양을 이루어 단순한데도 존재감이 강합니다. 함께 배치했을 뿐인데 색다른 리듬이 태어나서 모던한 느낌을 자아냅니다.
기호도 → page 122

Knit & Purl

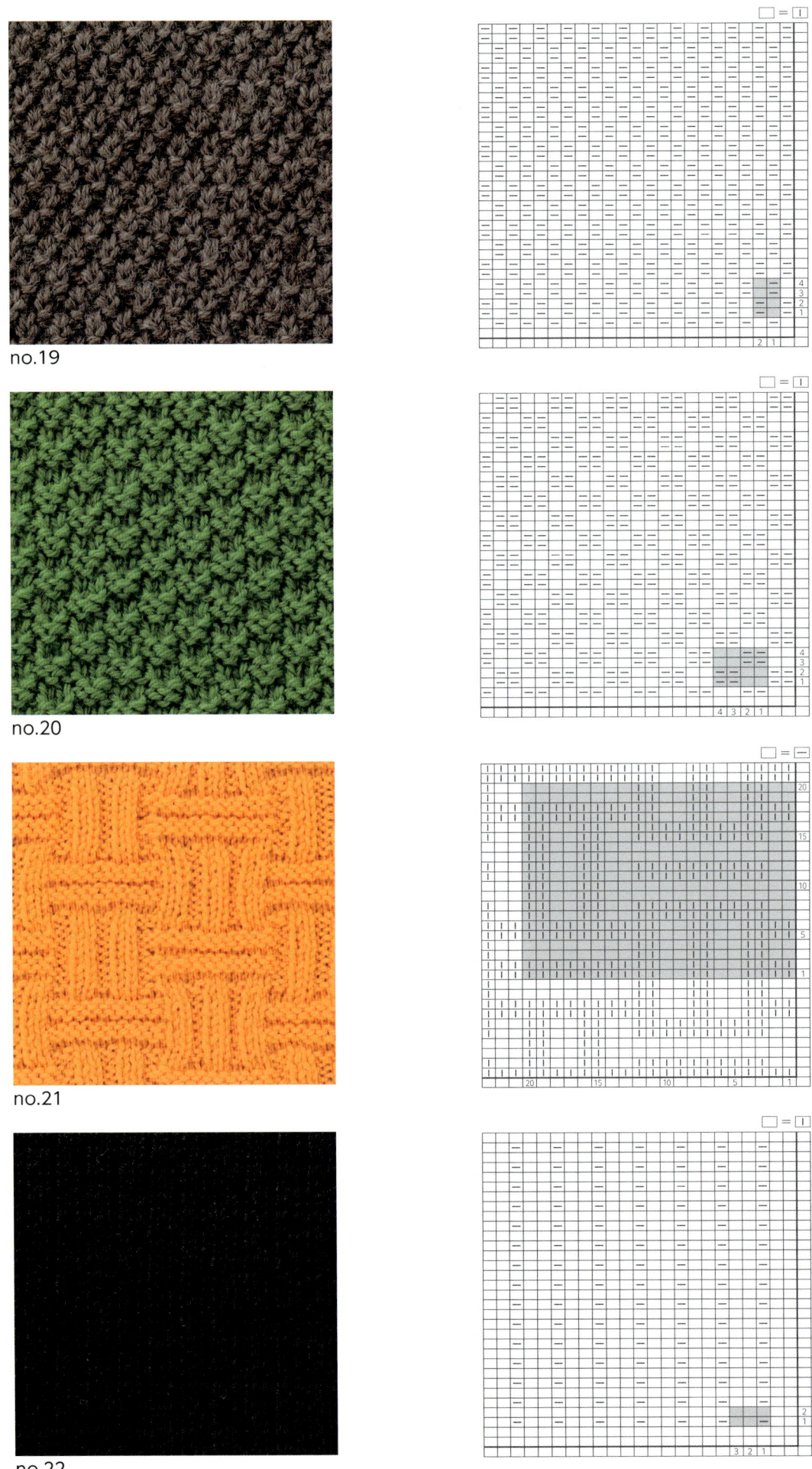

no.19

no.20

no.21

no.22

Knit & Purl

no.23
블록과 케이블로 이뤄진 무늬입니다. 멍석뜨기, V자, 사선, 줄무늬 가터뜨기, 체크 등의 무늬를 넣었습니다. 경계를 짓는 안메리야스뜨기가 고랑을 만들어 무늬가 더 뚜렷이 보입니다.
기호도➜page 122

Knit & Purl

no.24

no.25

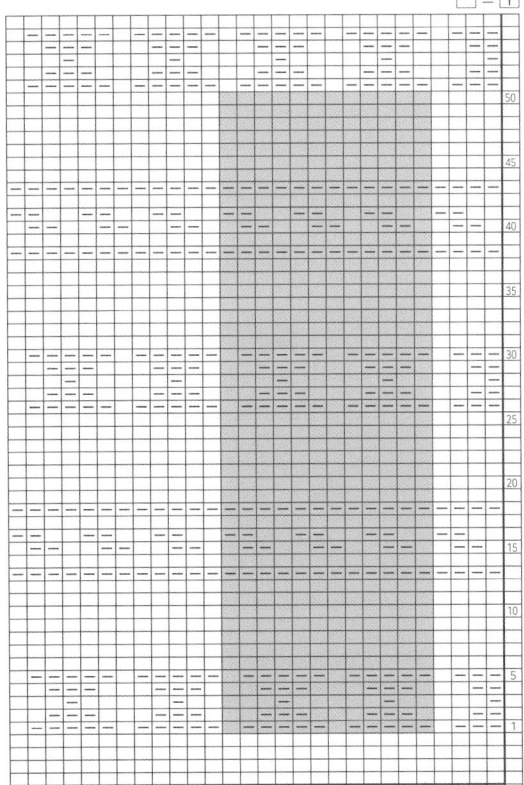

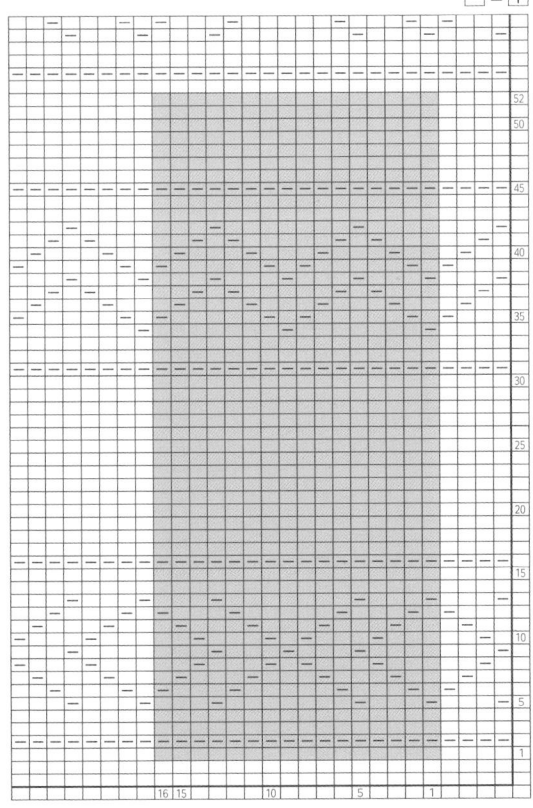

Knit & Purl

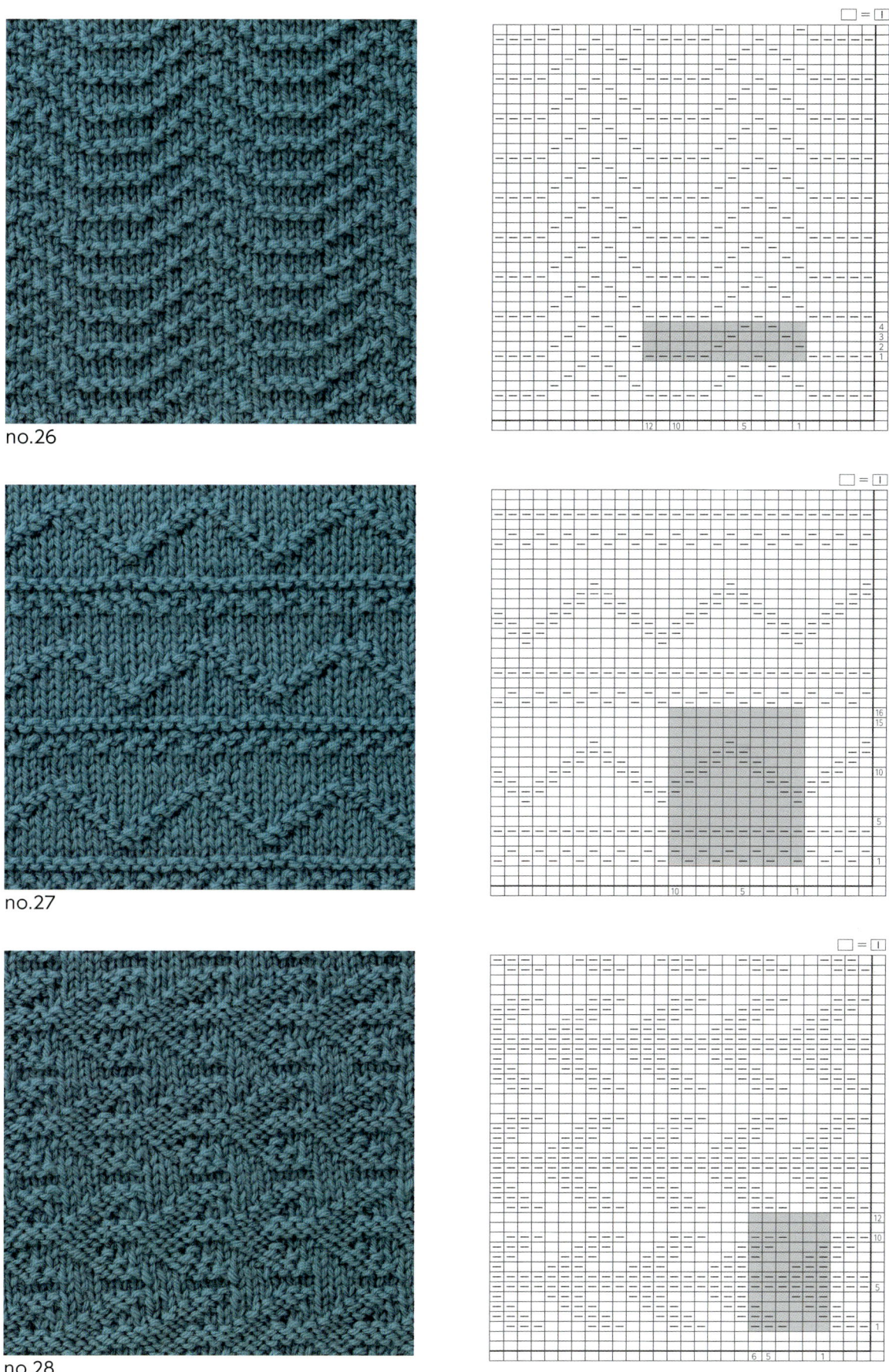

no.26

no.27

no.28

Knit & Purl

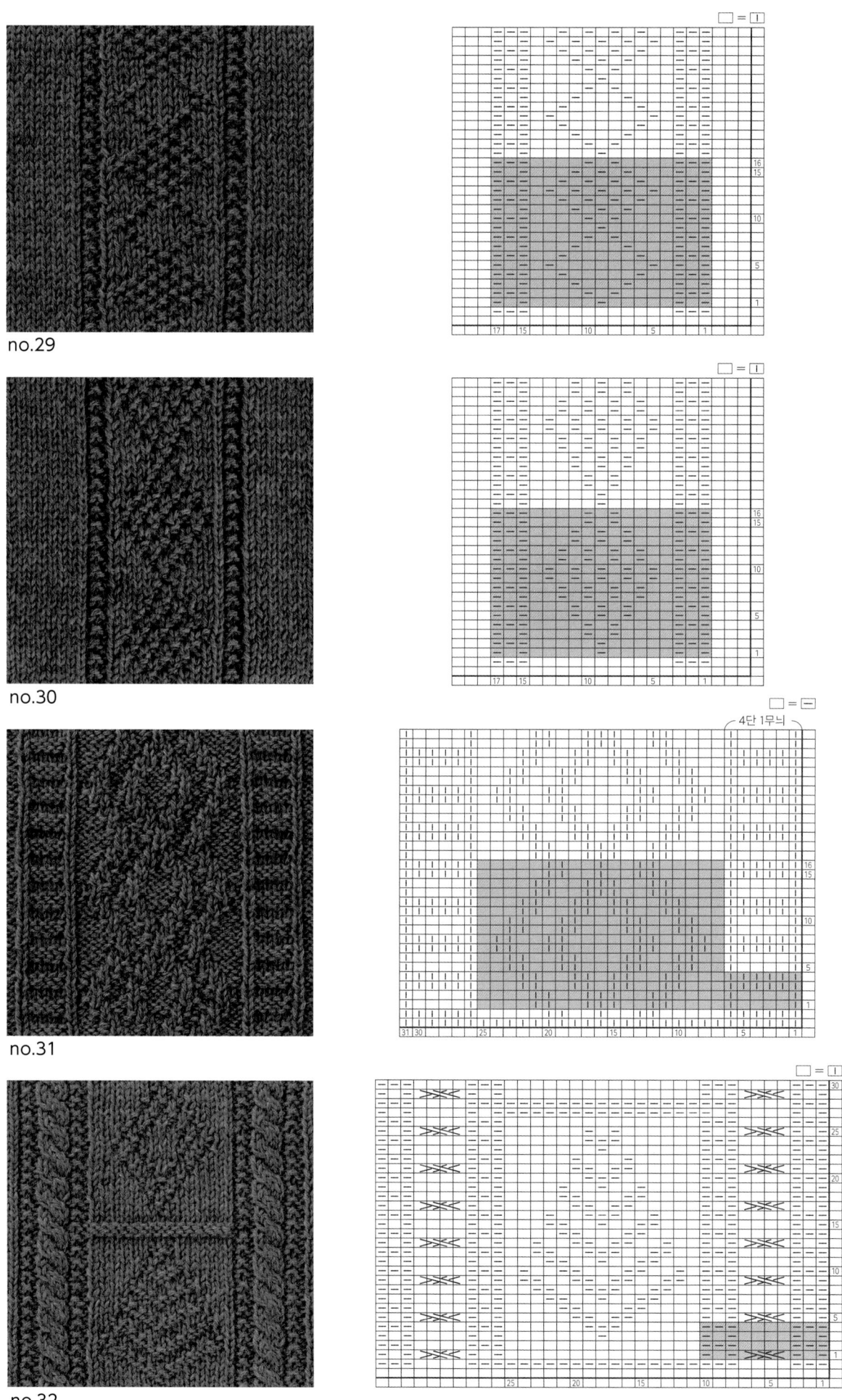

no.29

no.30

no.31

no.32

※기호도 page 123 참고

Knit & Purl

no.33
다이아몬드, 지그재그, 멍석뜨기 다이아몬드, 헤링본 등의 건지 무늬를 조합하고, 그 사이에 케이블 무늬를 넣었습니다. 기하학무늬와 도톰한 교차 무늬가 서로를 돋보이게 하는, 심플하고 아름다운 무늬입니다.
기호도→page 122

Knit & Purl

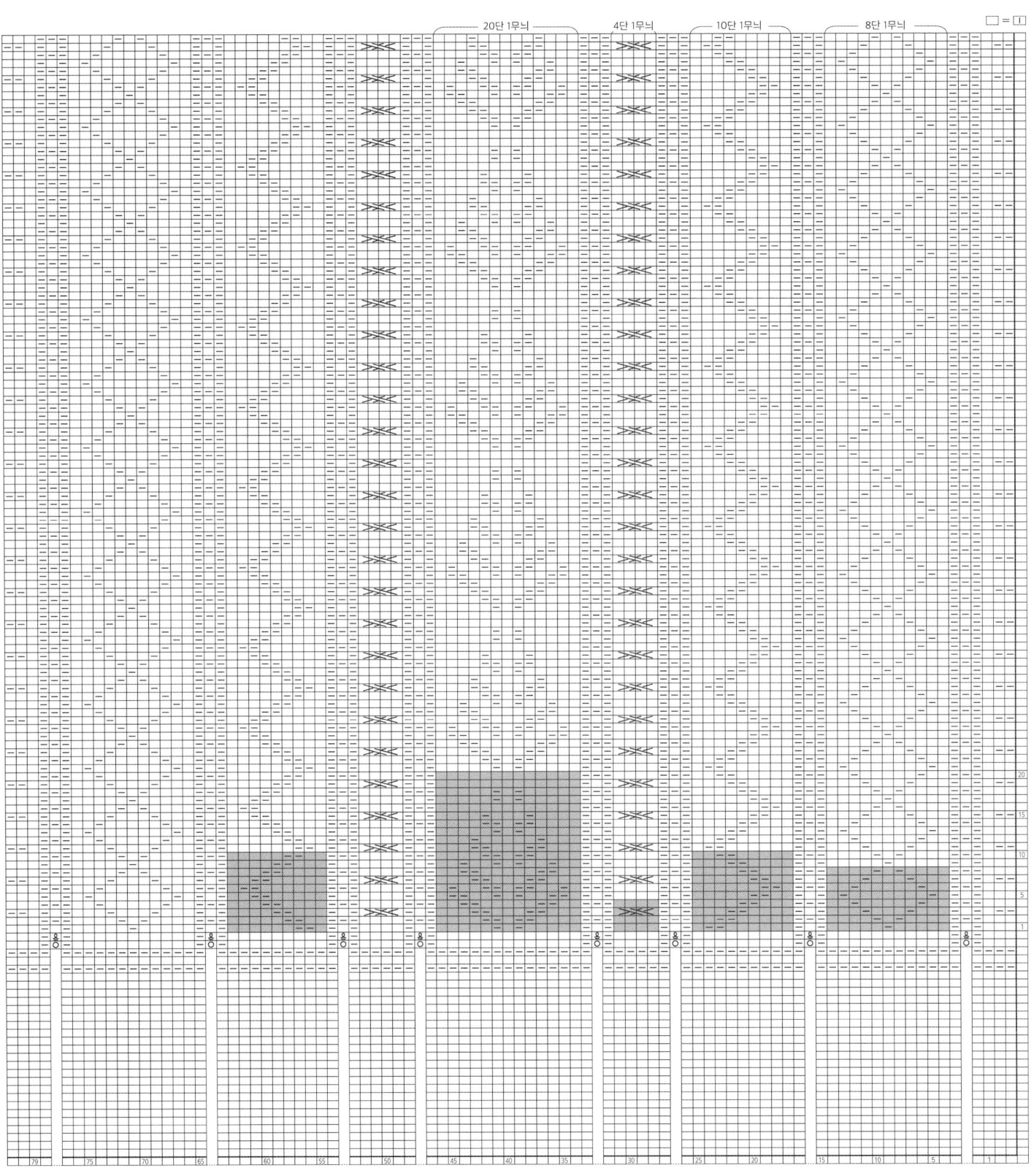

Knit & Purl

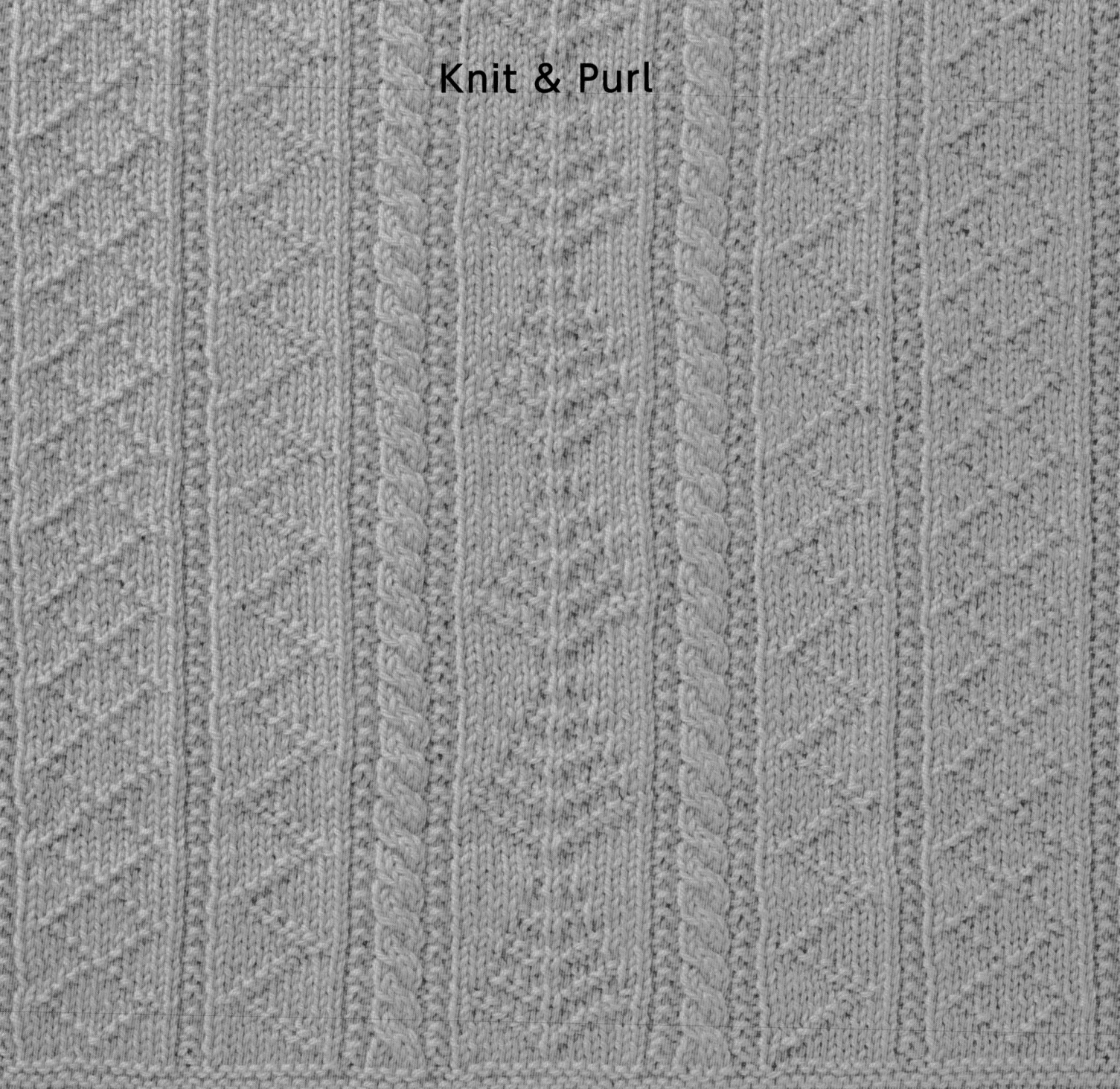

no.34
건지 스웨터는 나중에 고칠 경우를 생각해서
인지 윗부분에 무늬를 넣을 때가 많습니다.
중심에 생명의 나무를 배치하고, 무늬 경계
에는 안뜨기와 멍석뜨기를 넣어서 세로선이
선명합니다.
기호도→page 16

Knit & Purl

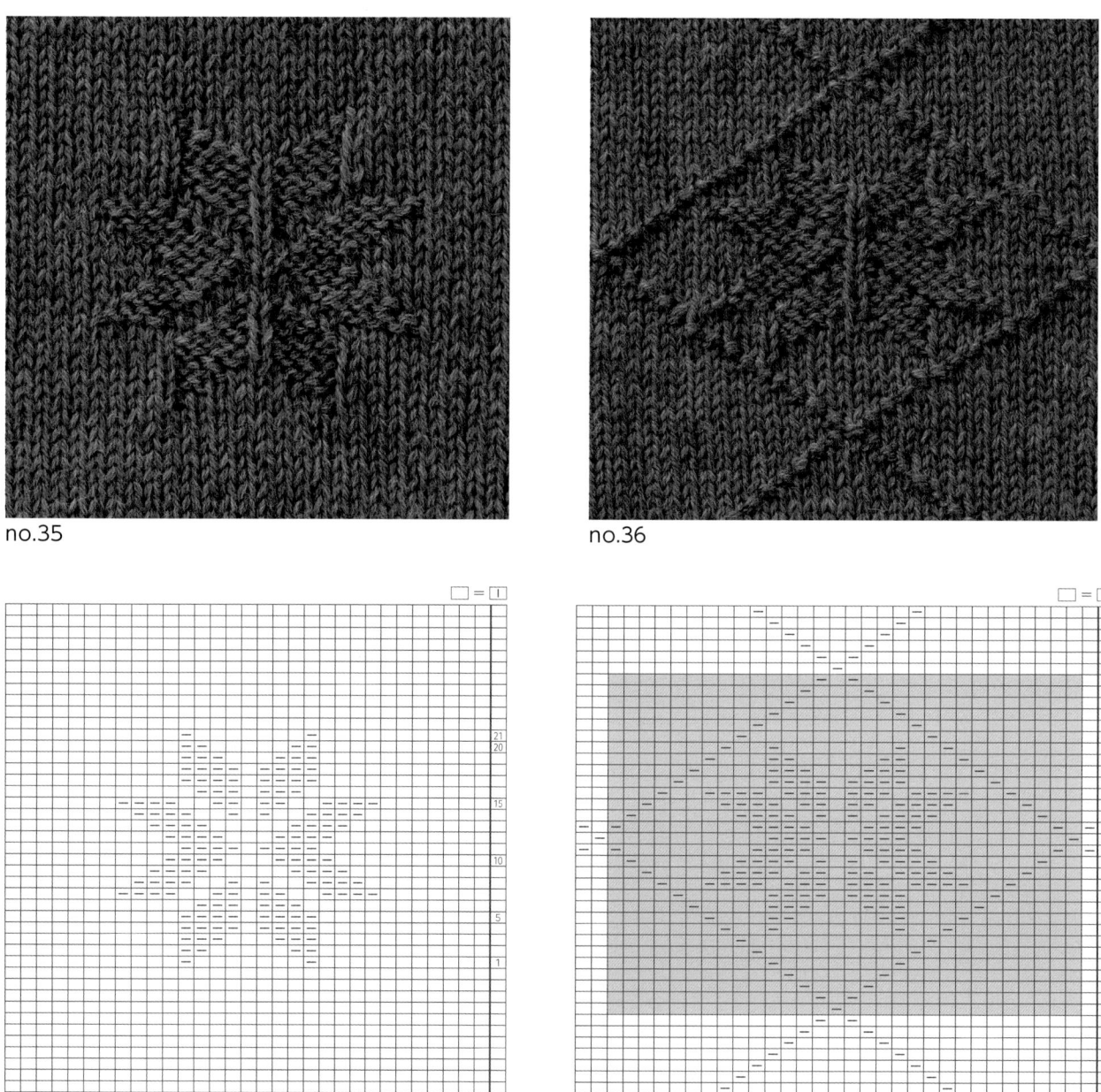

no.35

no.36

Knit & Purl

no.37
중앙에 넣은 북유럽의 에이트 스타 무늬는 메리야스뜨기에 안메리야스뜨기를 해서 만들었습니다. 아래쪽은 멍석뜨기, 위쪽은 블록 무늬를 떴는데, 콧수와 단수를 바꾸기만 해도 이렇게 전혀 다른 무늬가 됩니다.
기호도→page 123

Knit & Purl

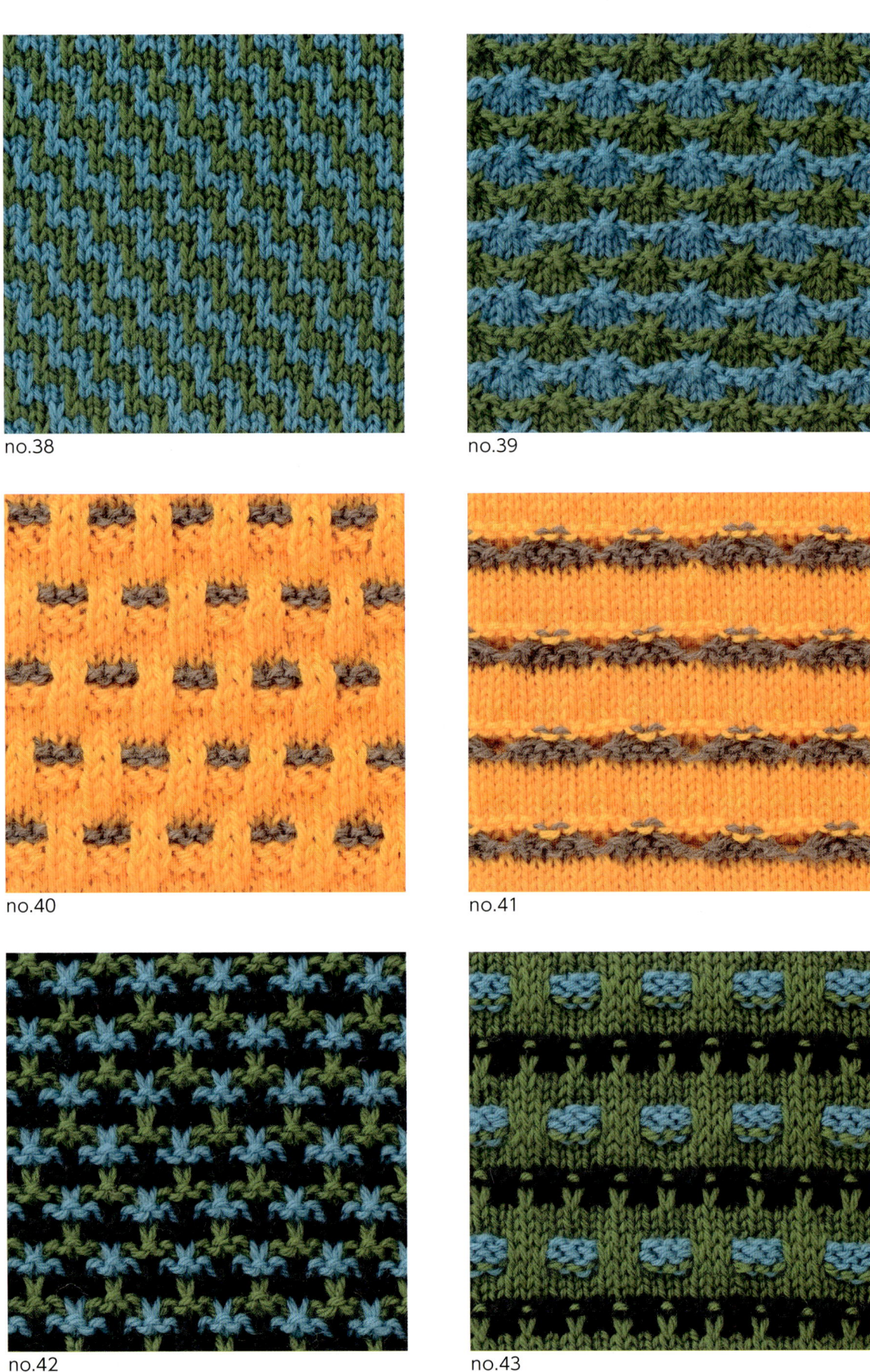

no.38

no.39

no.40

no.41

no.42

no.43

Knit & Purl

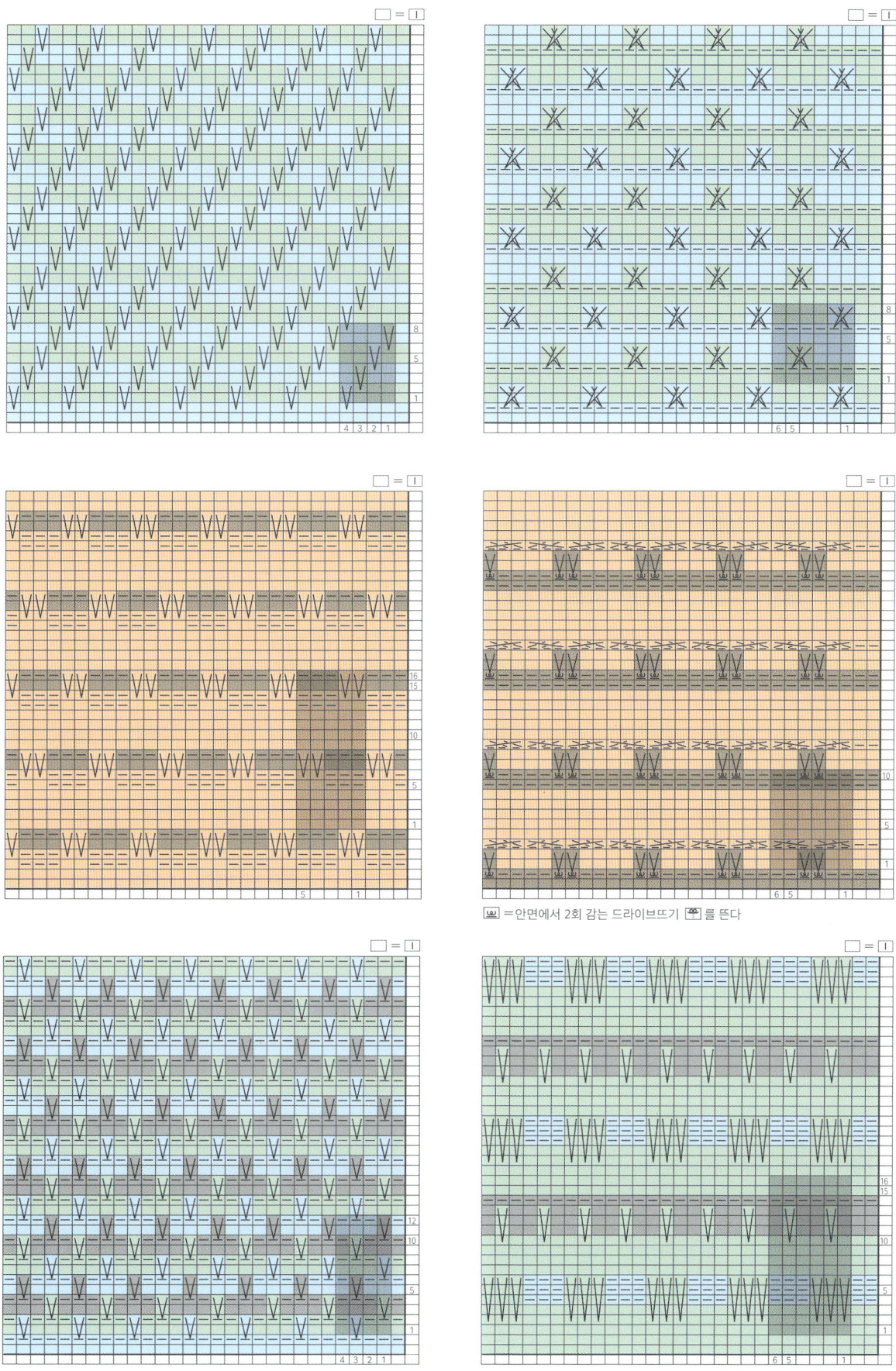

=안면에서 2회 감는 드라이브뜨기 를 뜬다

Knit & Purl

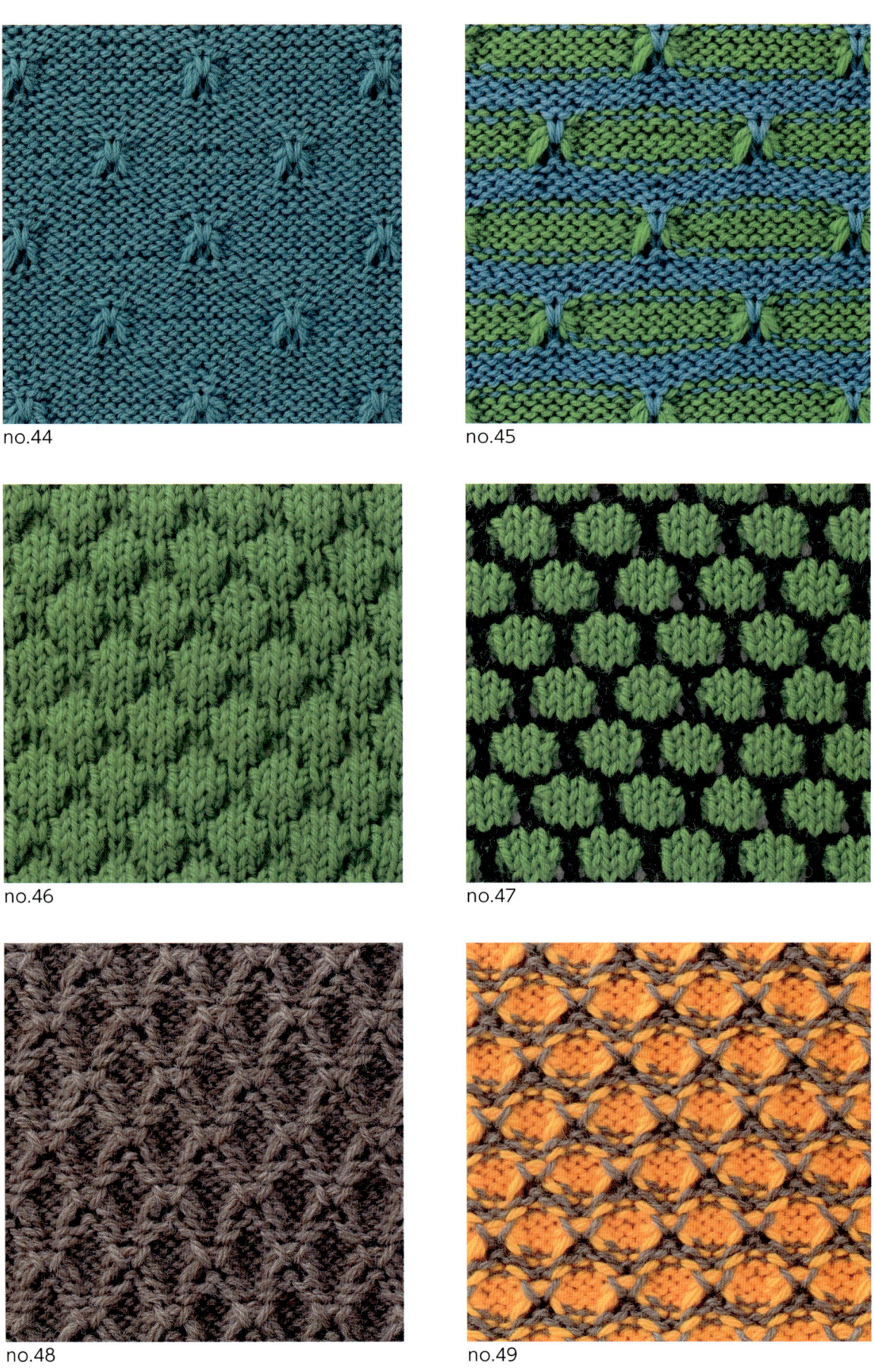

no.44

no.45

no.46

no.47

no.48

no.49

Knit & Purl

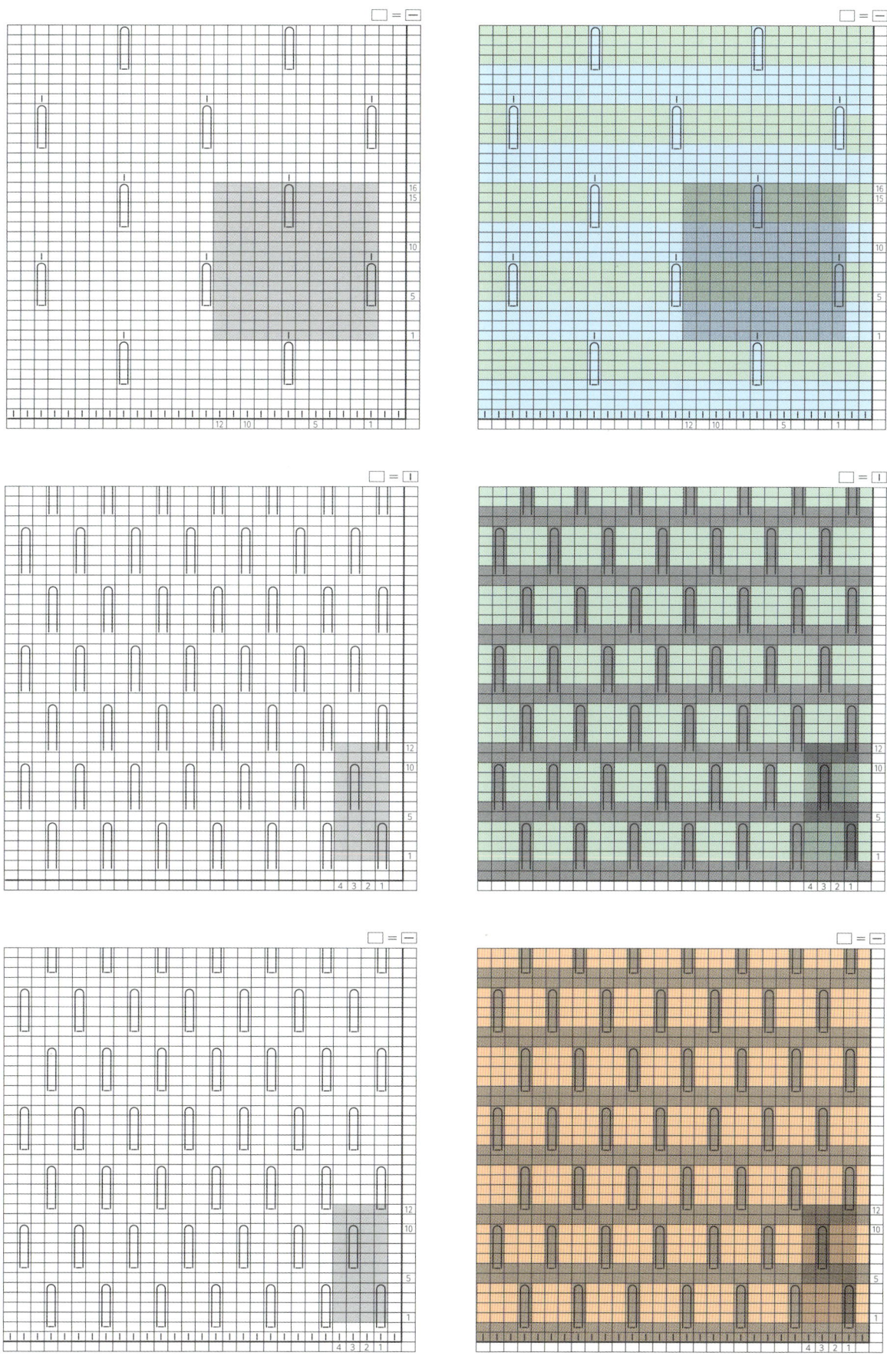

Lace
레이스

How to make page 118

Lace

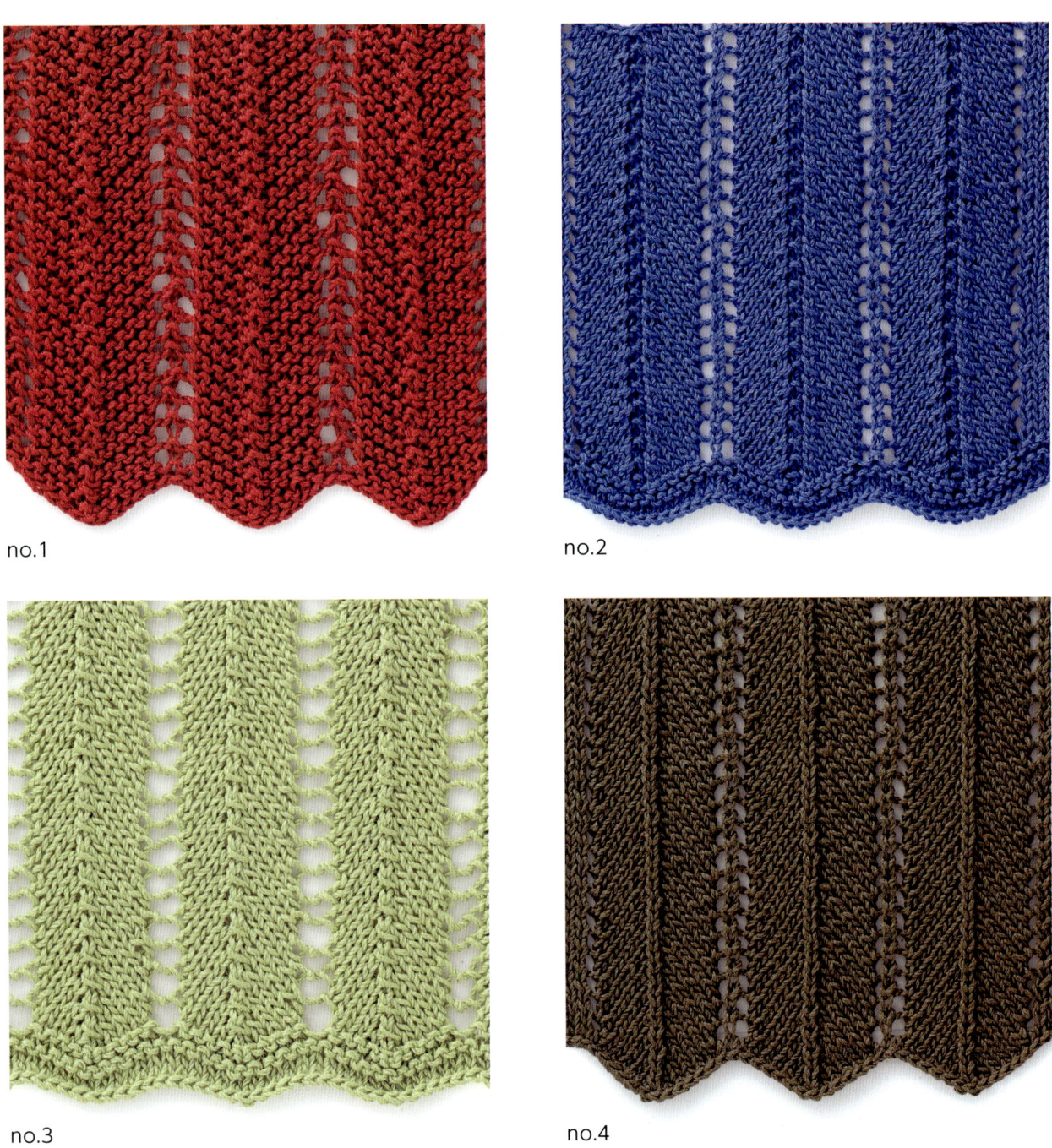

no.1

no.2

no.3

no.4

Lace

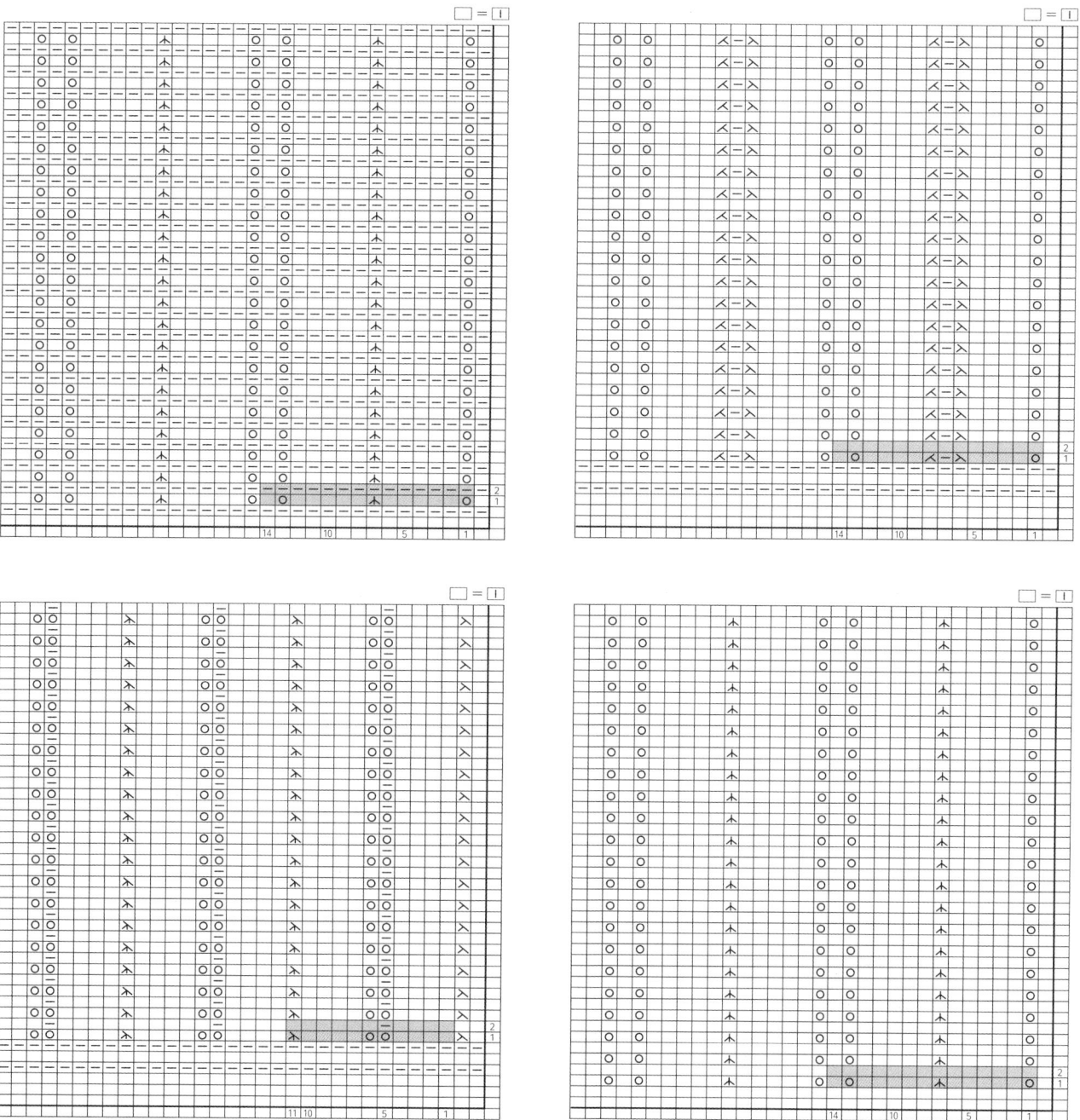

Lace

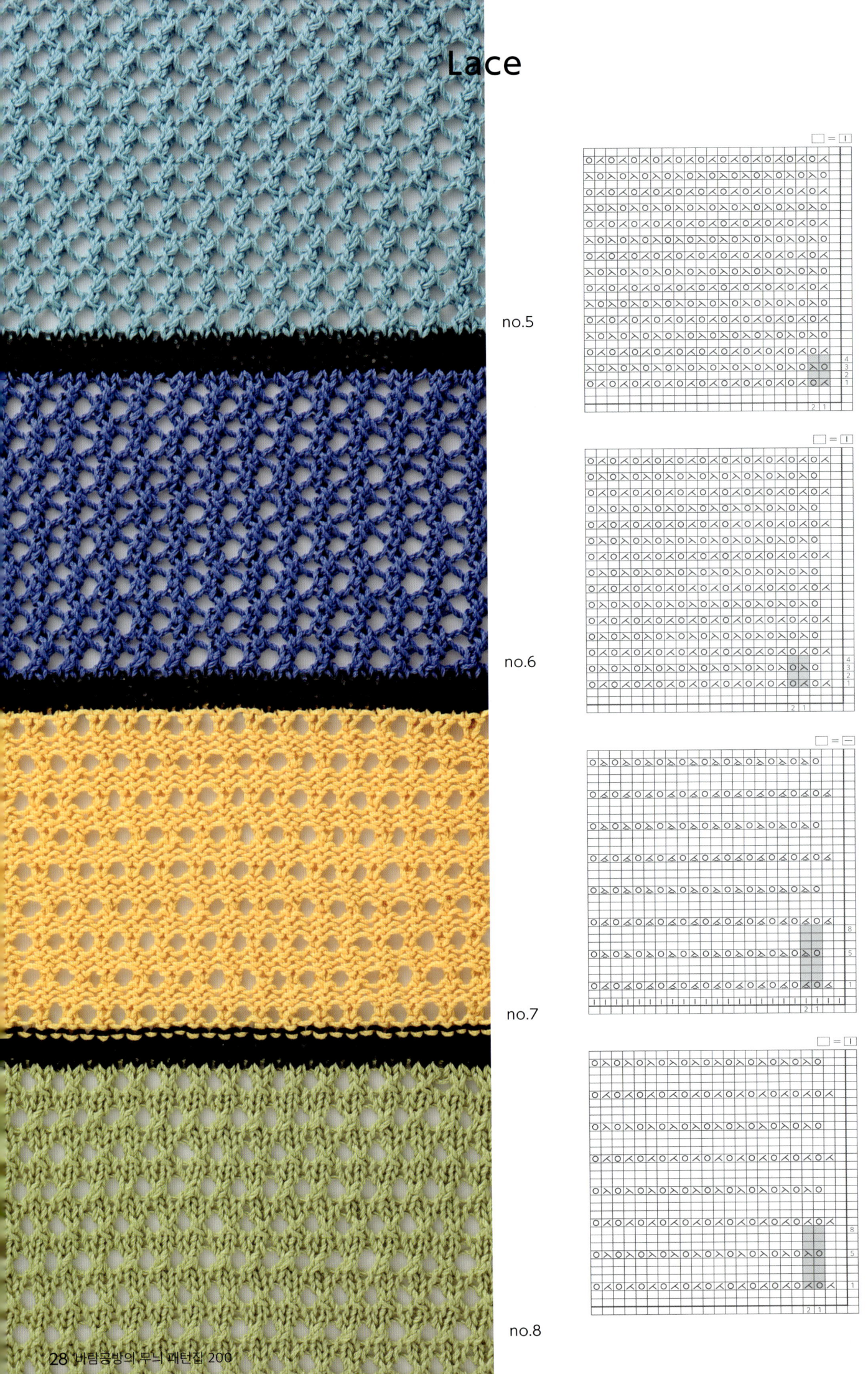

no.5

no.6

no.7

no.8

Lace

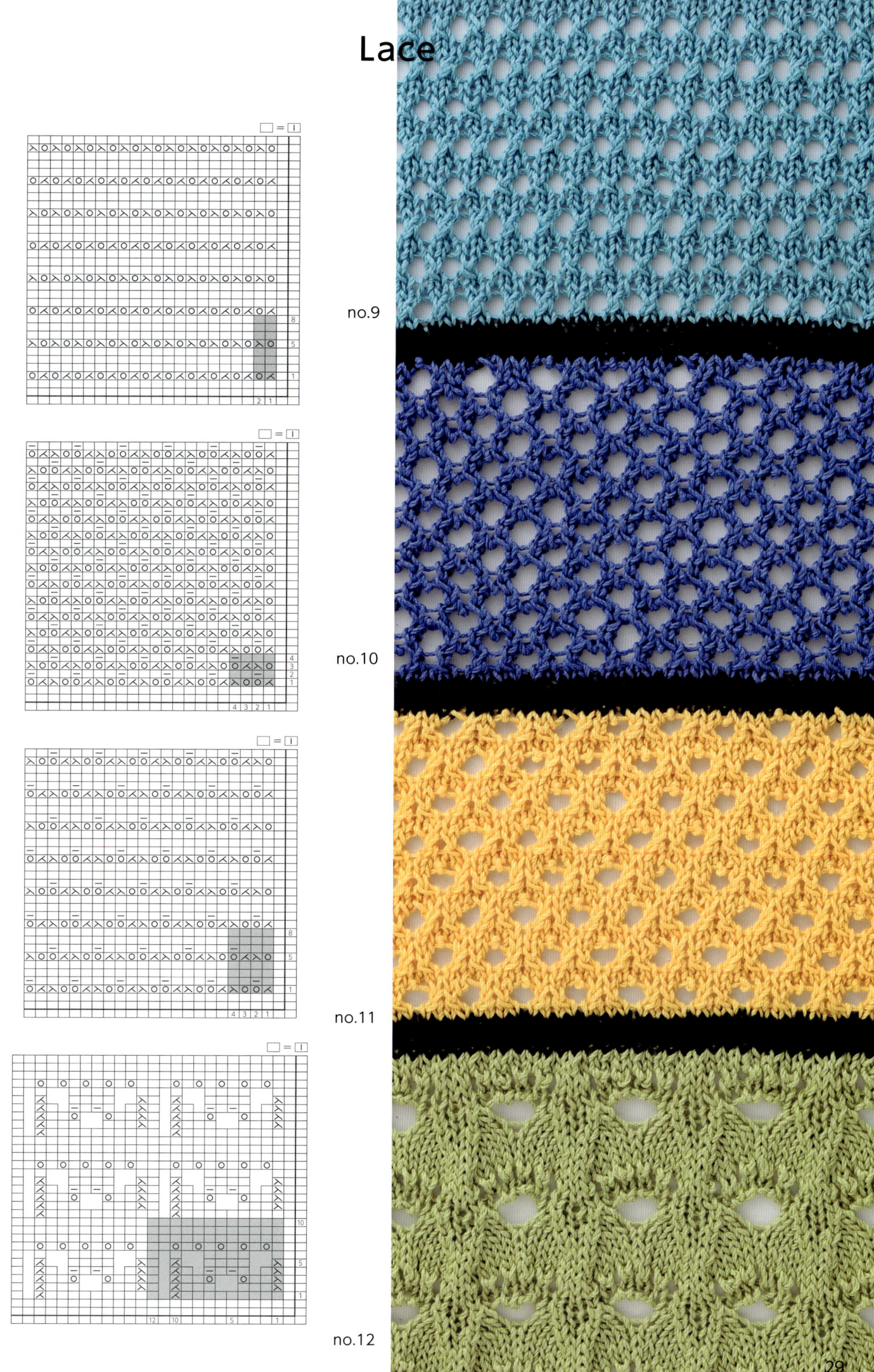

no.9

no.10

no.11

no.12

Lace

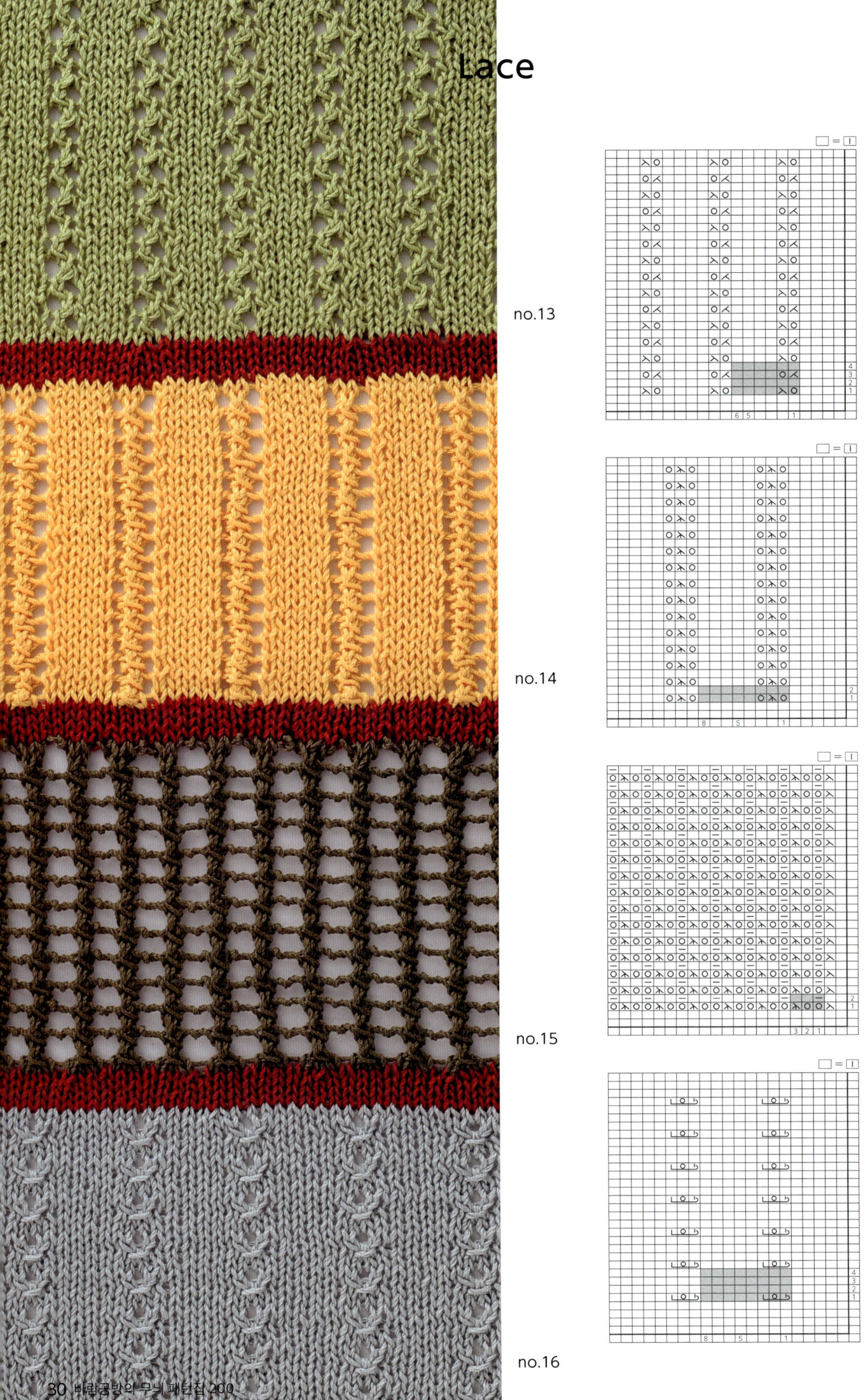

no.13

no.14

no.15

no.16

Lace

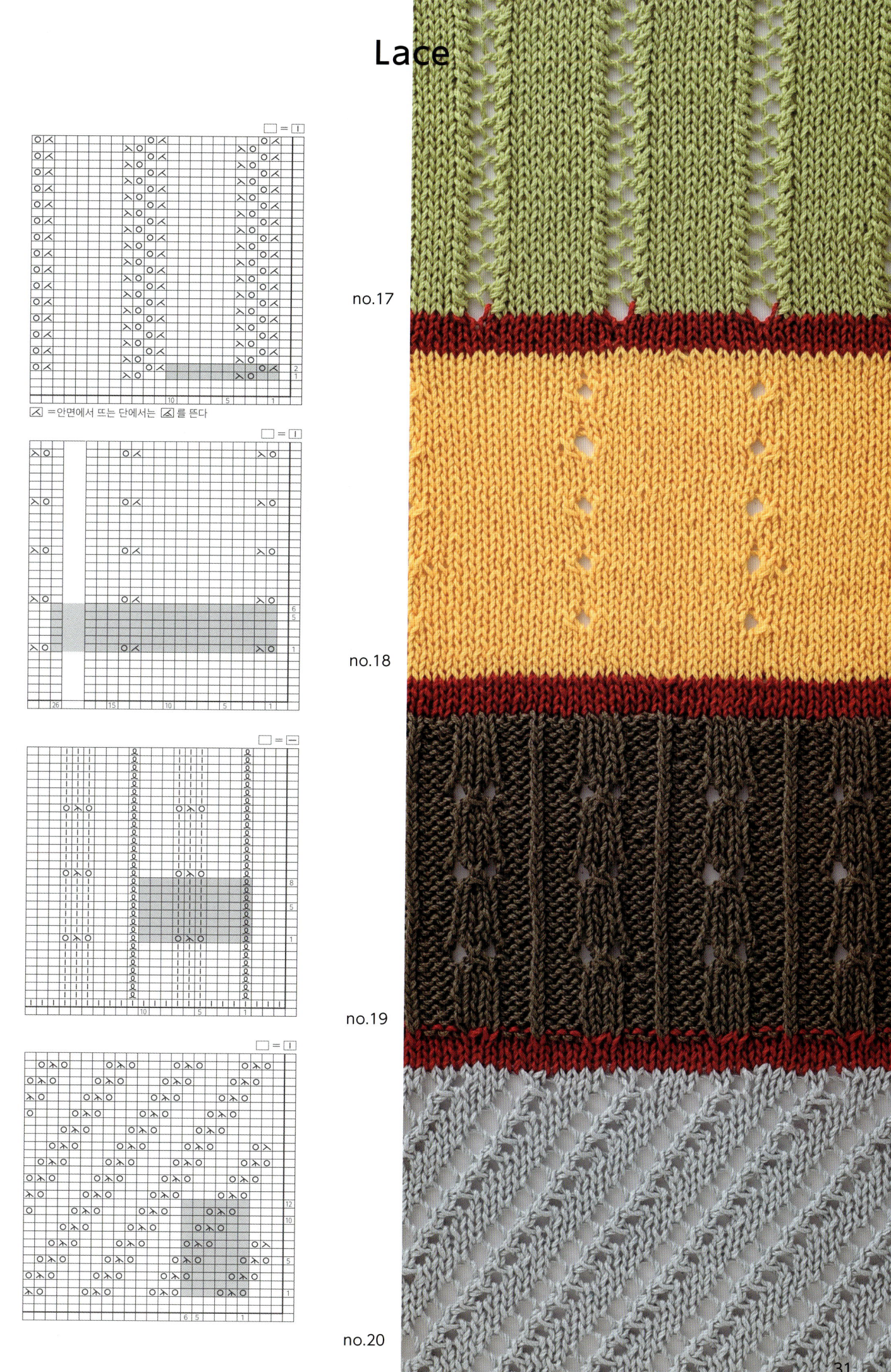

=안면에서 뜨는 또는 단에서는 ☒를 뜬다

no.17

no.18

no.19

no.20

Lace

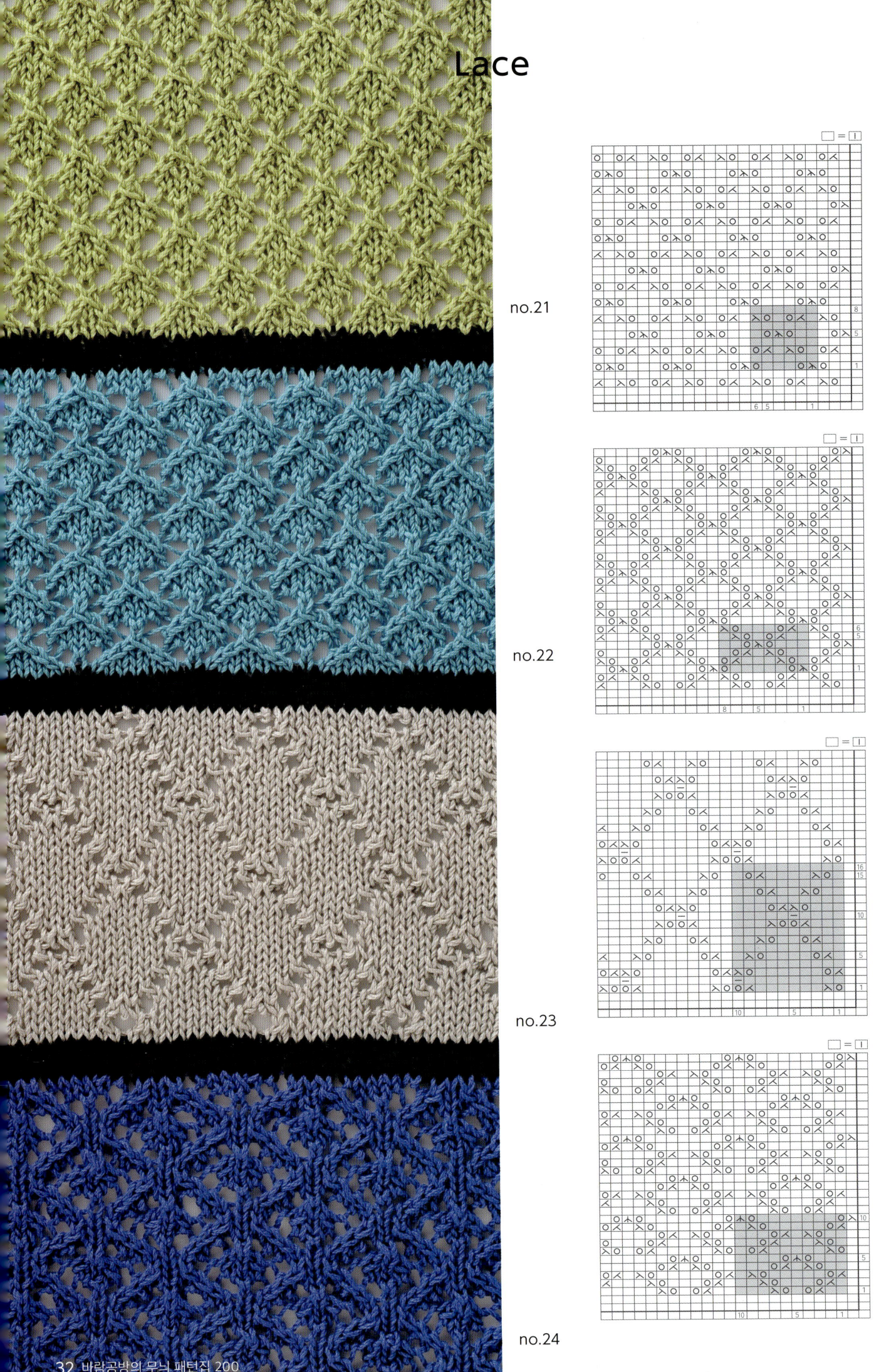

no.21

no.22

no.23

no.24

Lace

no.25

no.26

no.27

no.28

Lace

no.29

no.30

no.31

no.32

※no.29~32 기호도→page 36

Lace

no.33

no.34

no.35

※no.33~35 기호도→page 37

Lace

no.29
page 34

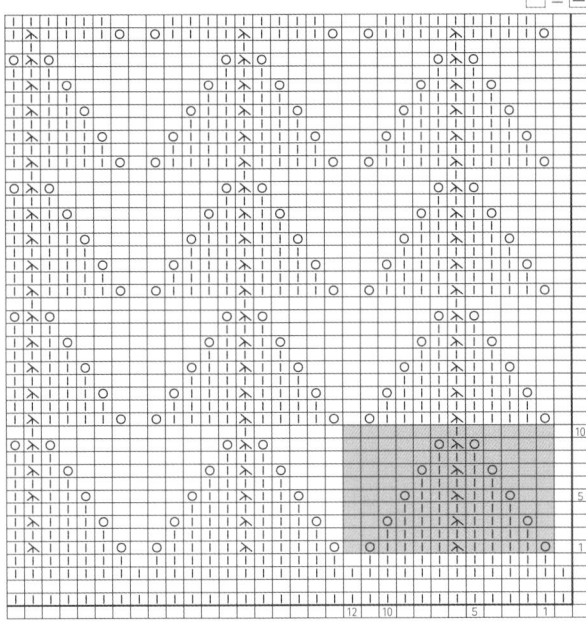

no.30
page 34

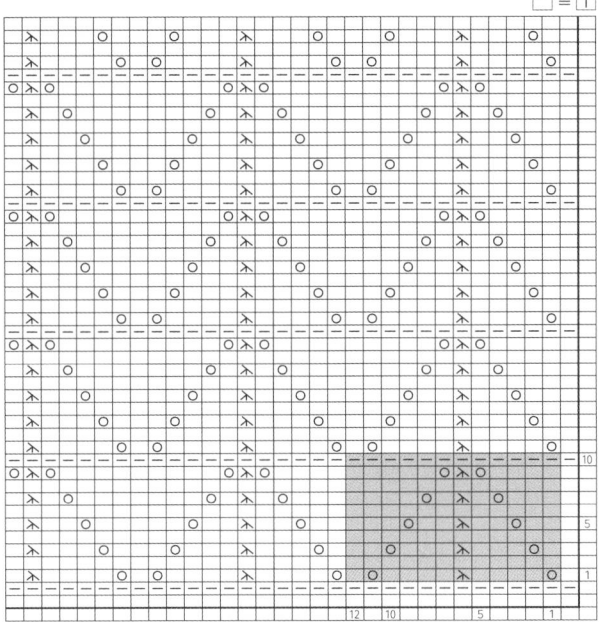

no.31
page 34

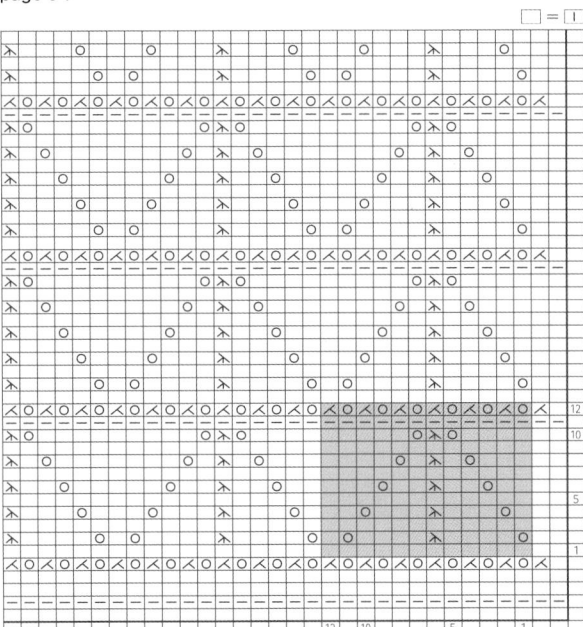

no.32
page 34

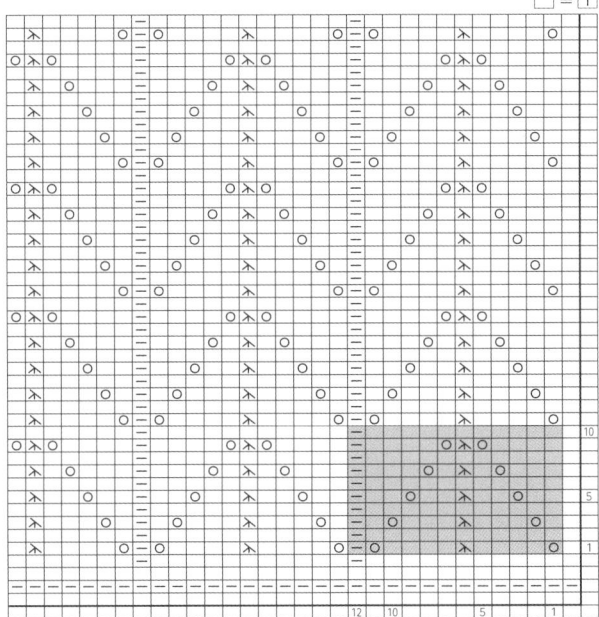

Lace

no.33
page 35

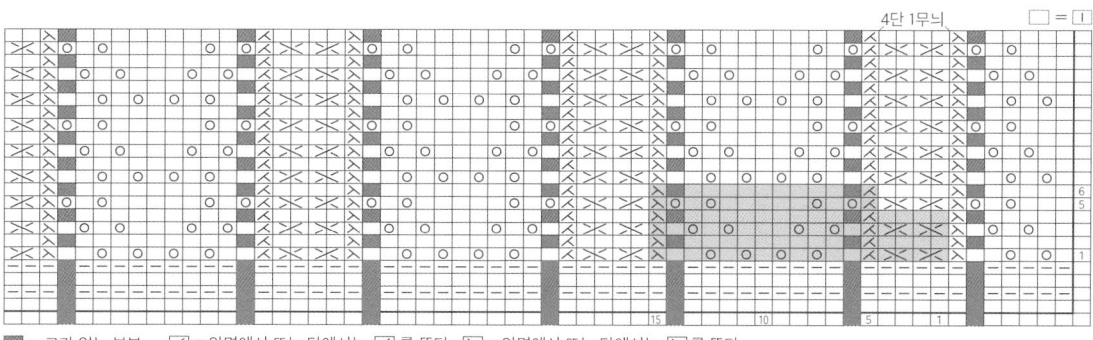

■ =코가 없는 부분　⩘ =안면에서 뜨는 단에서는 ⩗ 를 뜬다　⩗ =안면에서 뜨는 단에서는 ⩘ 를 뜬다

no.34
page 35

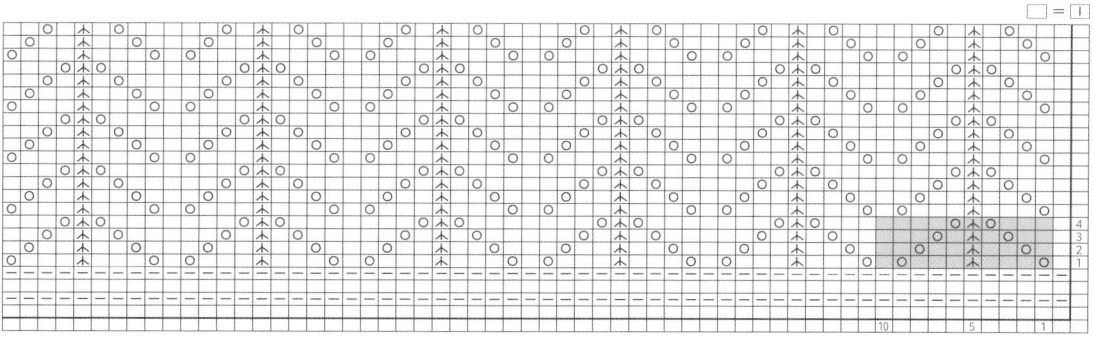

⩙ =안면에서 뜨는 단에서는 ⩙ 를 뜬다

no.35
page 35

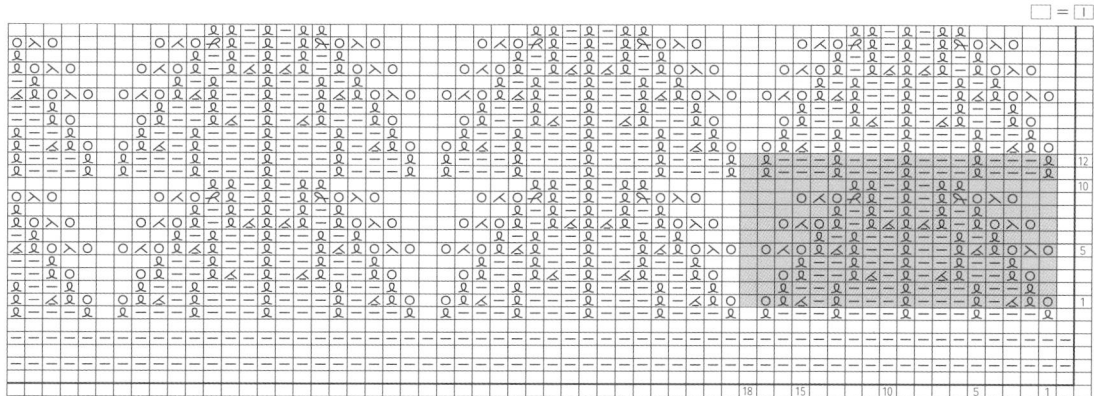

Lace

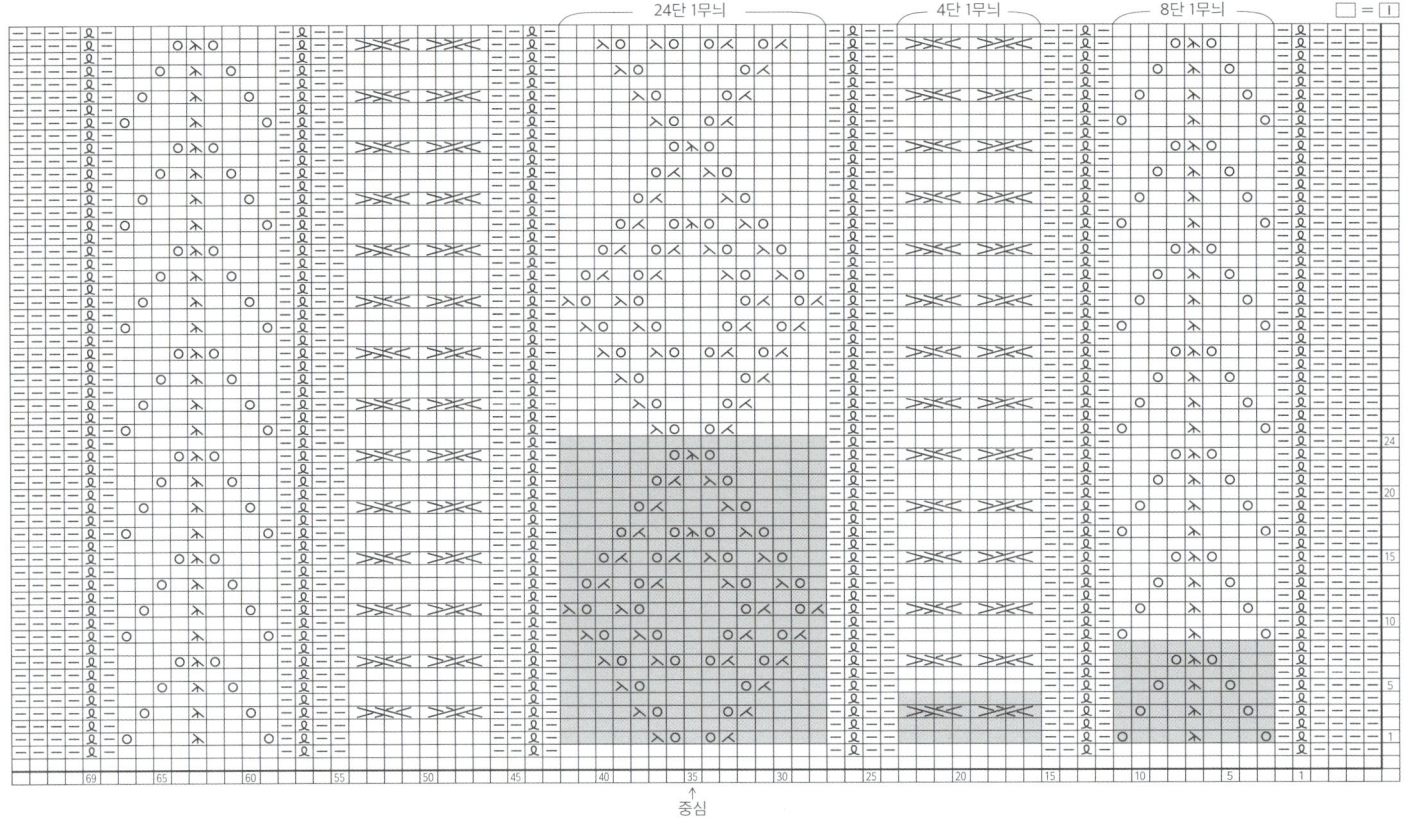

no.36

Lace

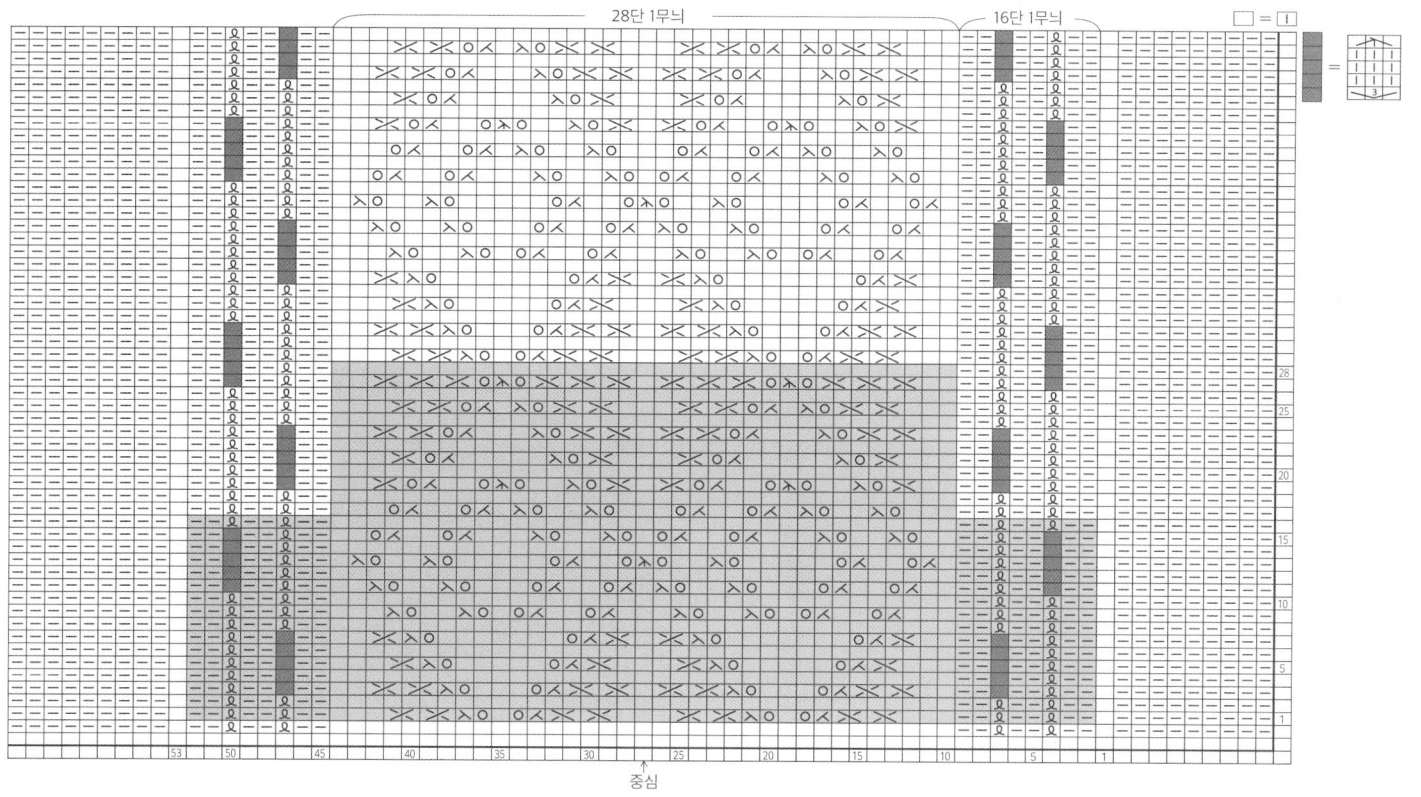

no.37

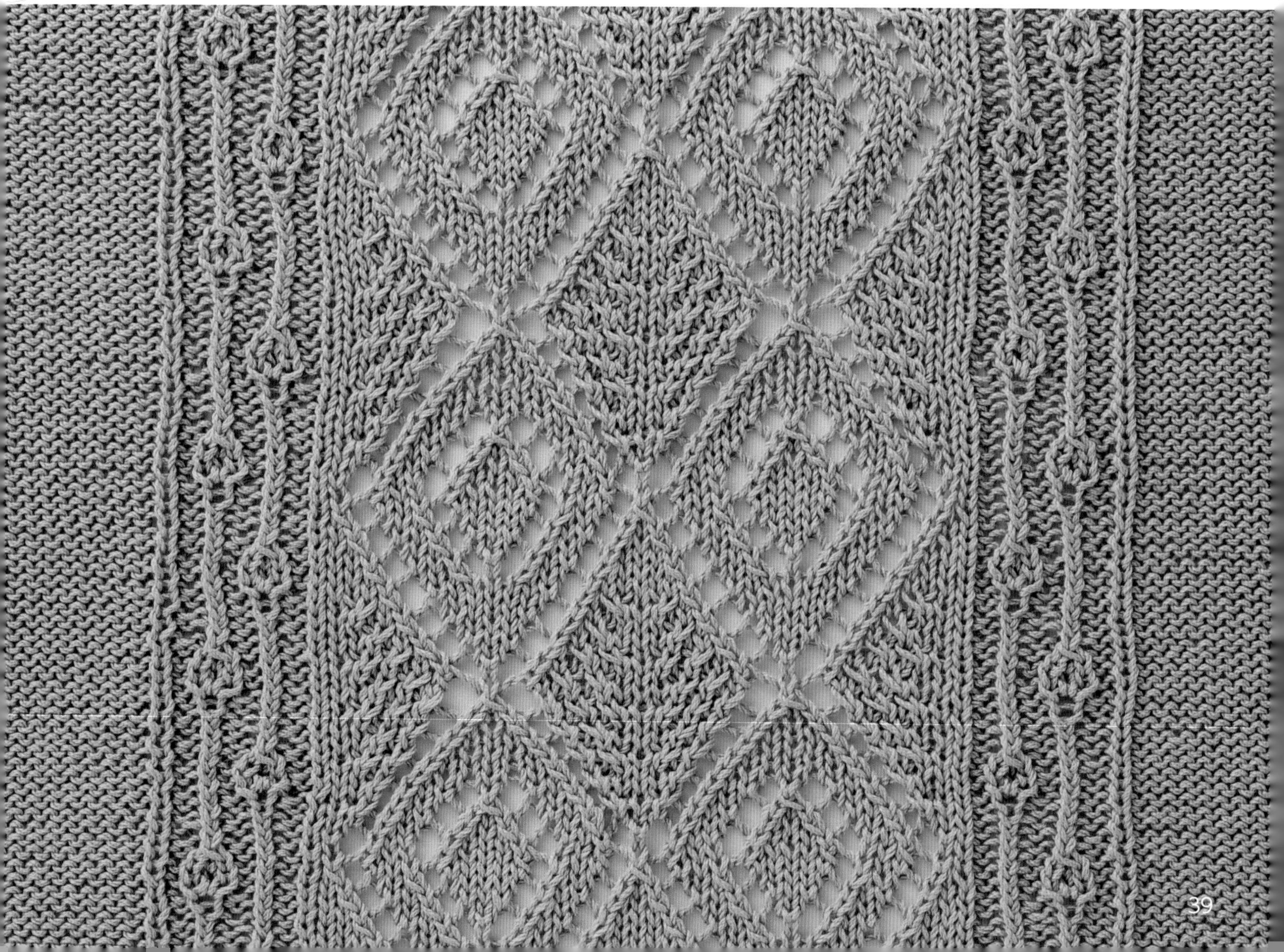

Lace

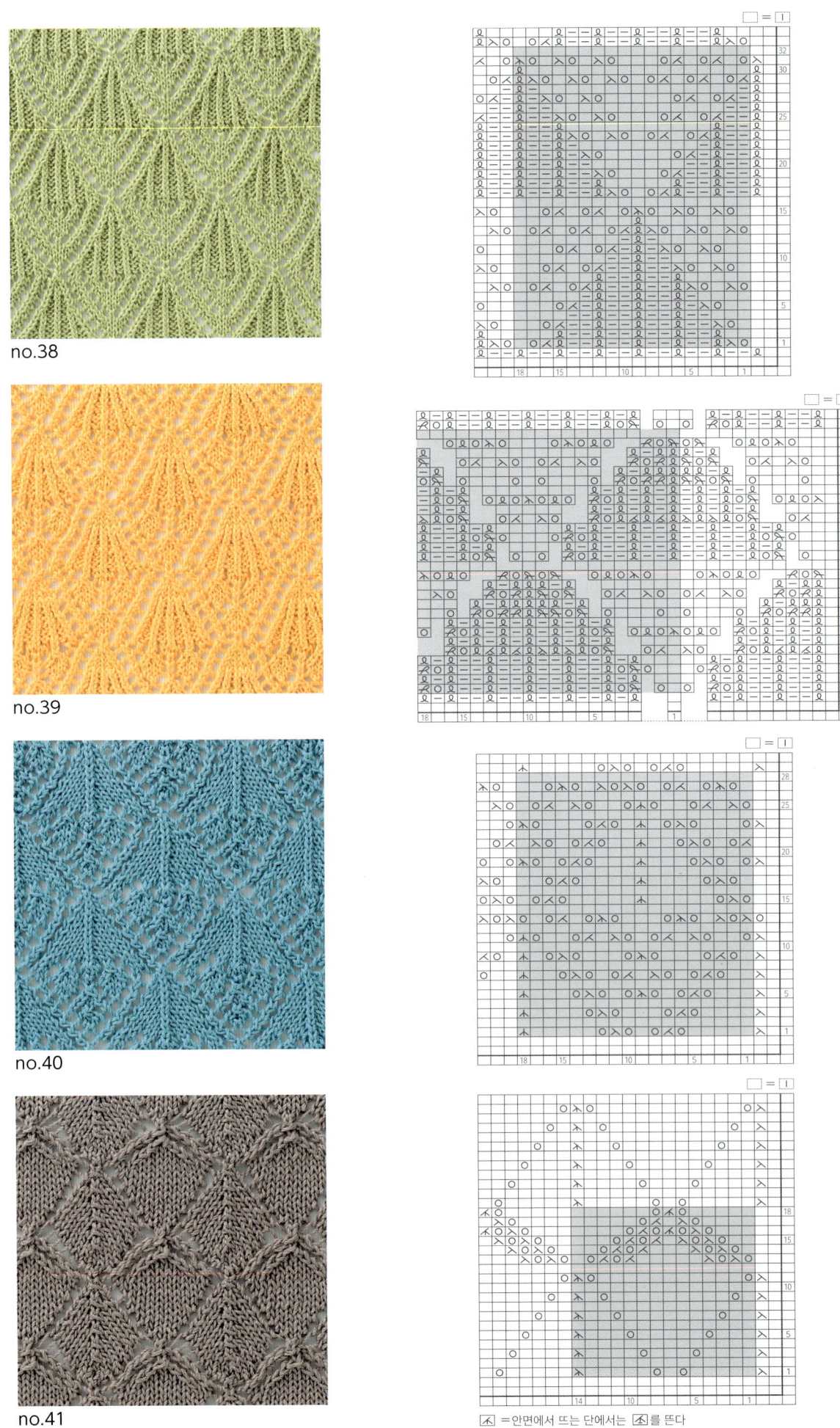

no.38

no.39

no.40

no.41

Lace

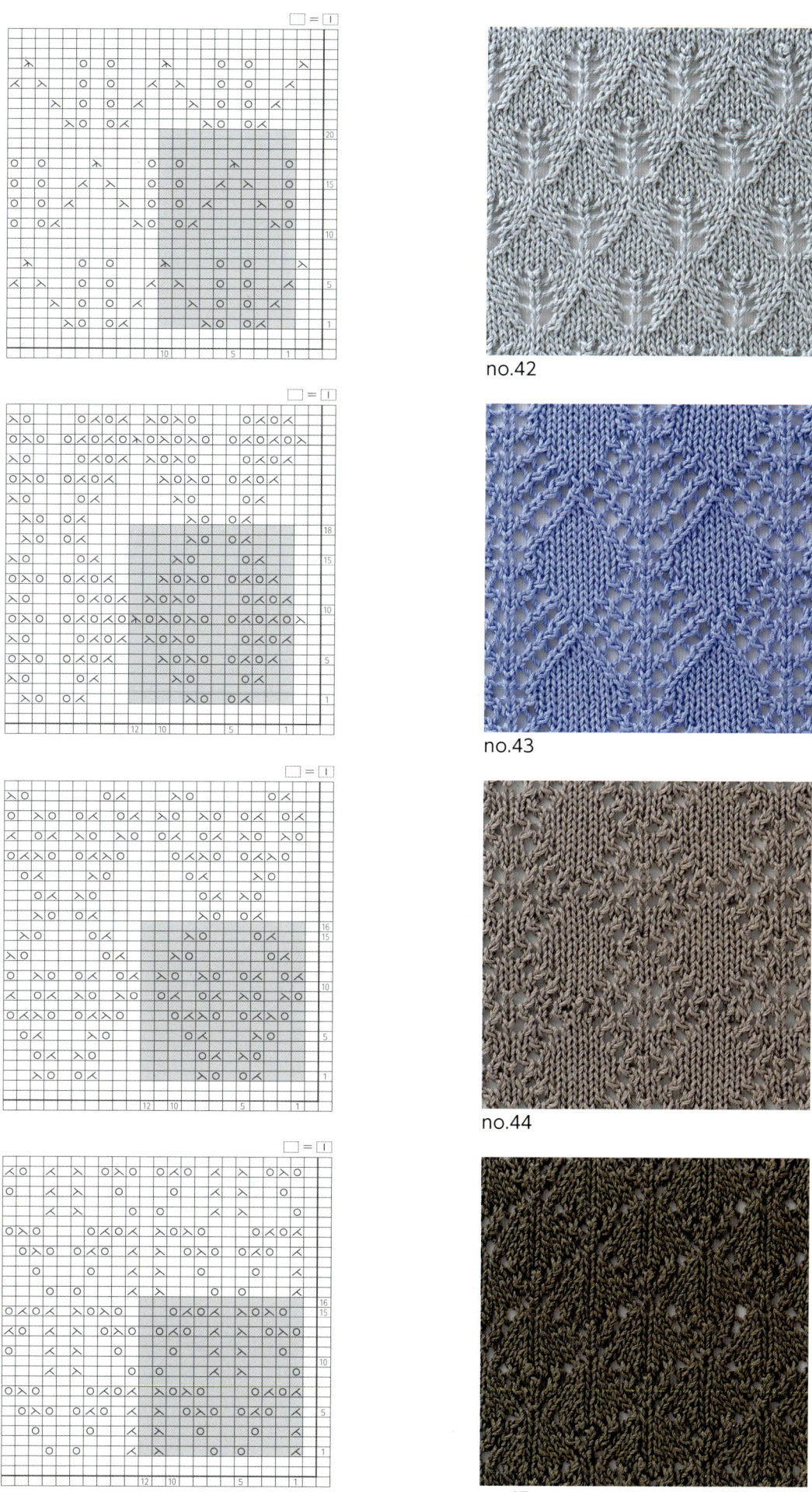

no.42

no.43

no.44

no.45

Lace

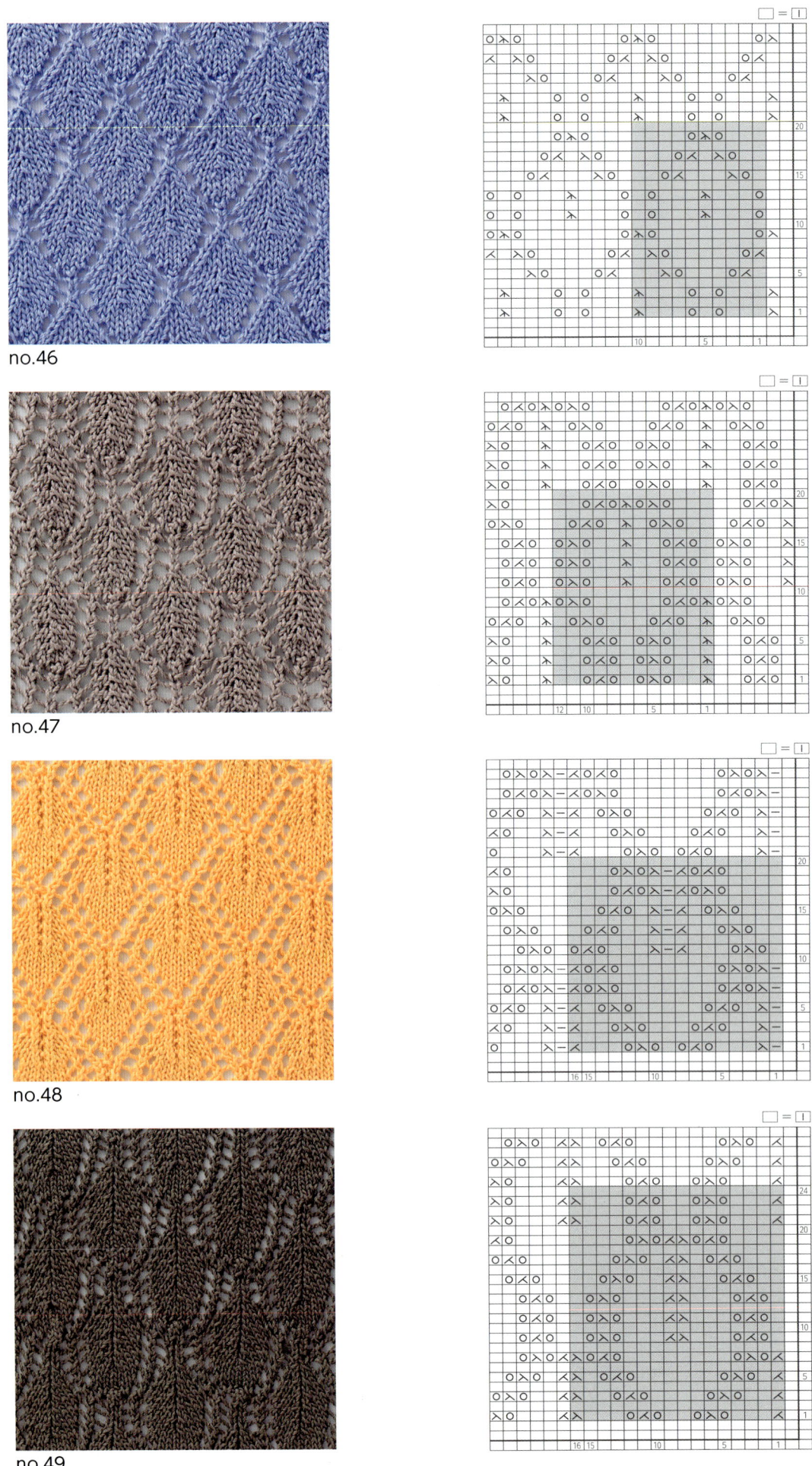

no.46

no.47

no.48

no.49

Lace

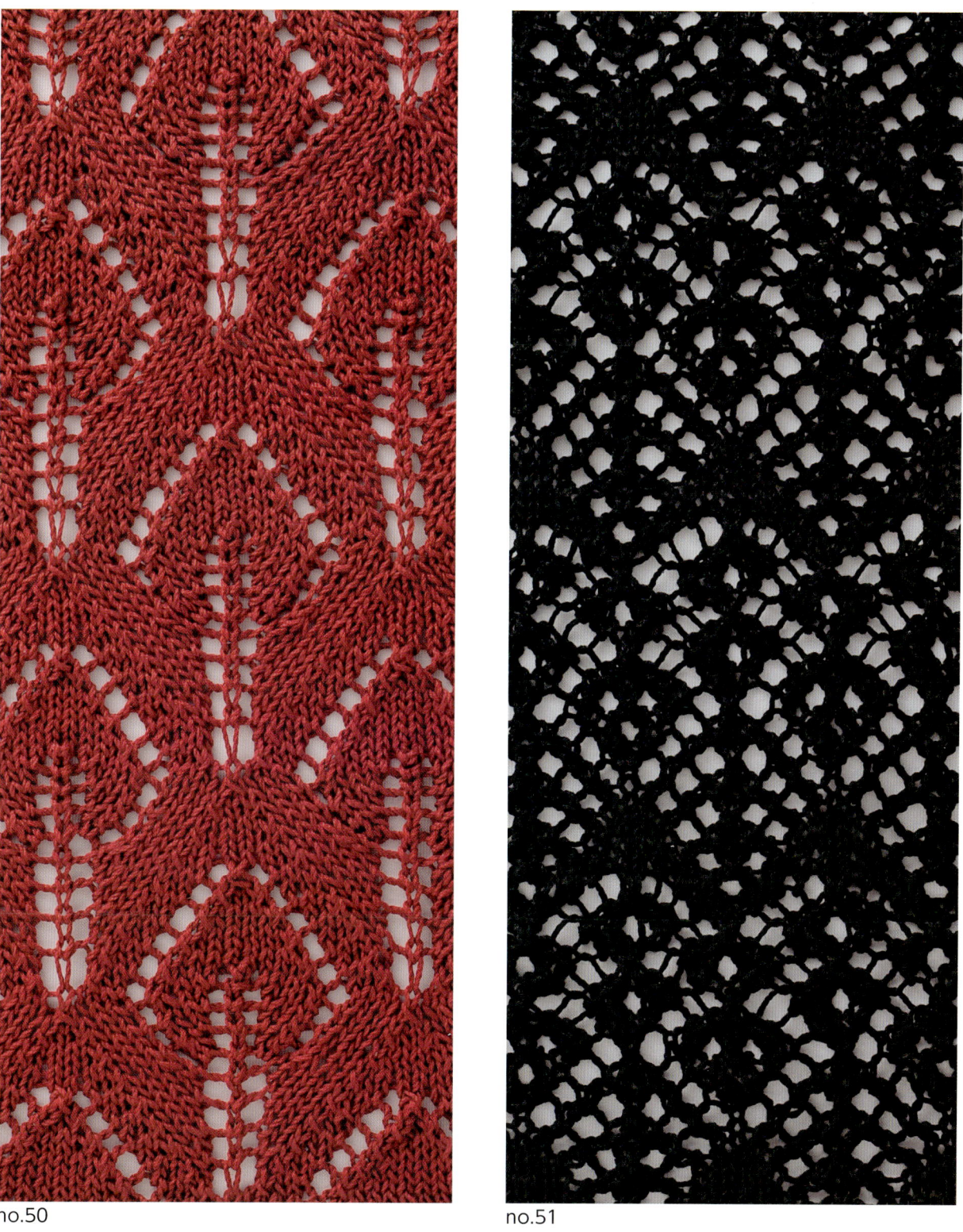

no.50

no.51

※no.50・51 기호도→page 124

Lace

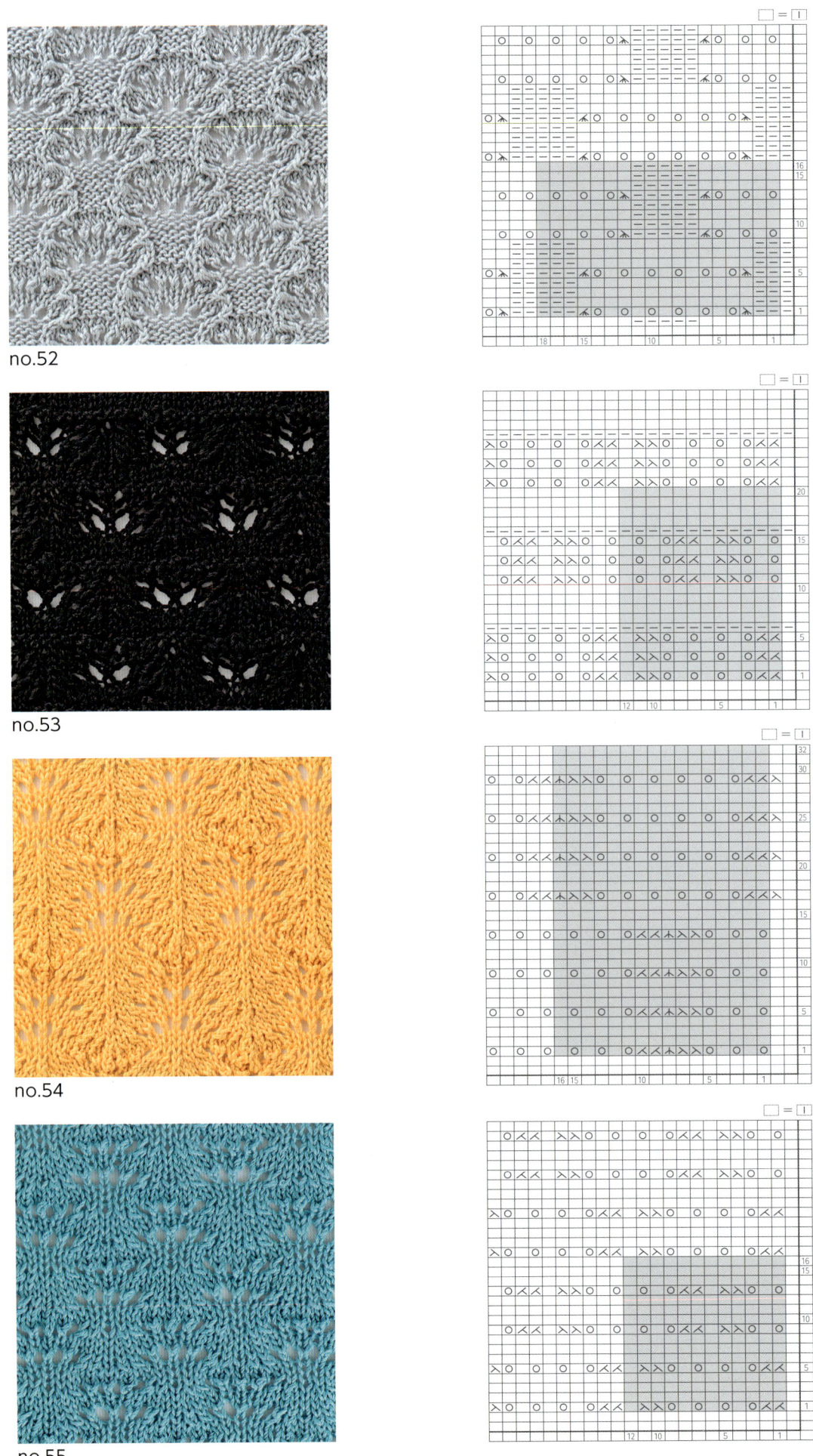

no.52

no.53

no.54

no.55

Lace

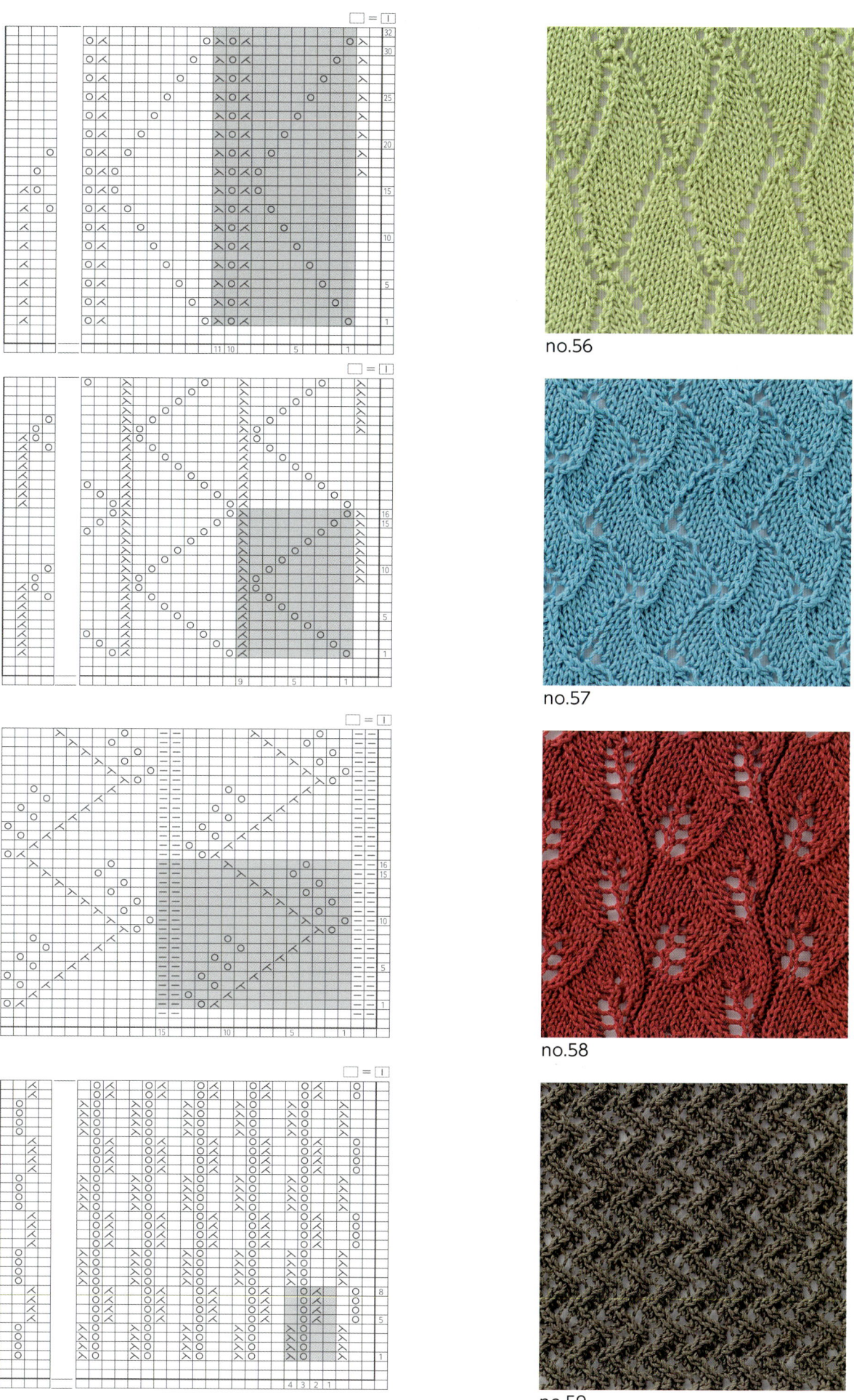

no.56

no.57

no.58

no.59

Lace

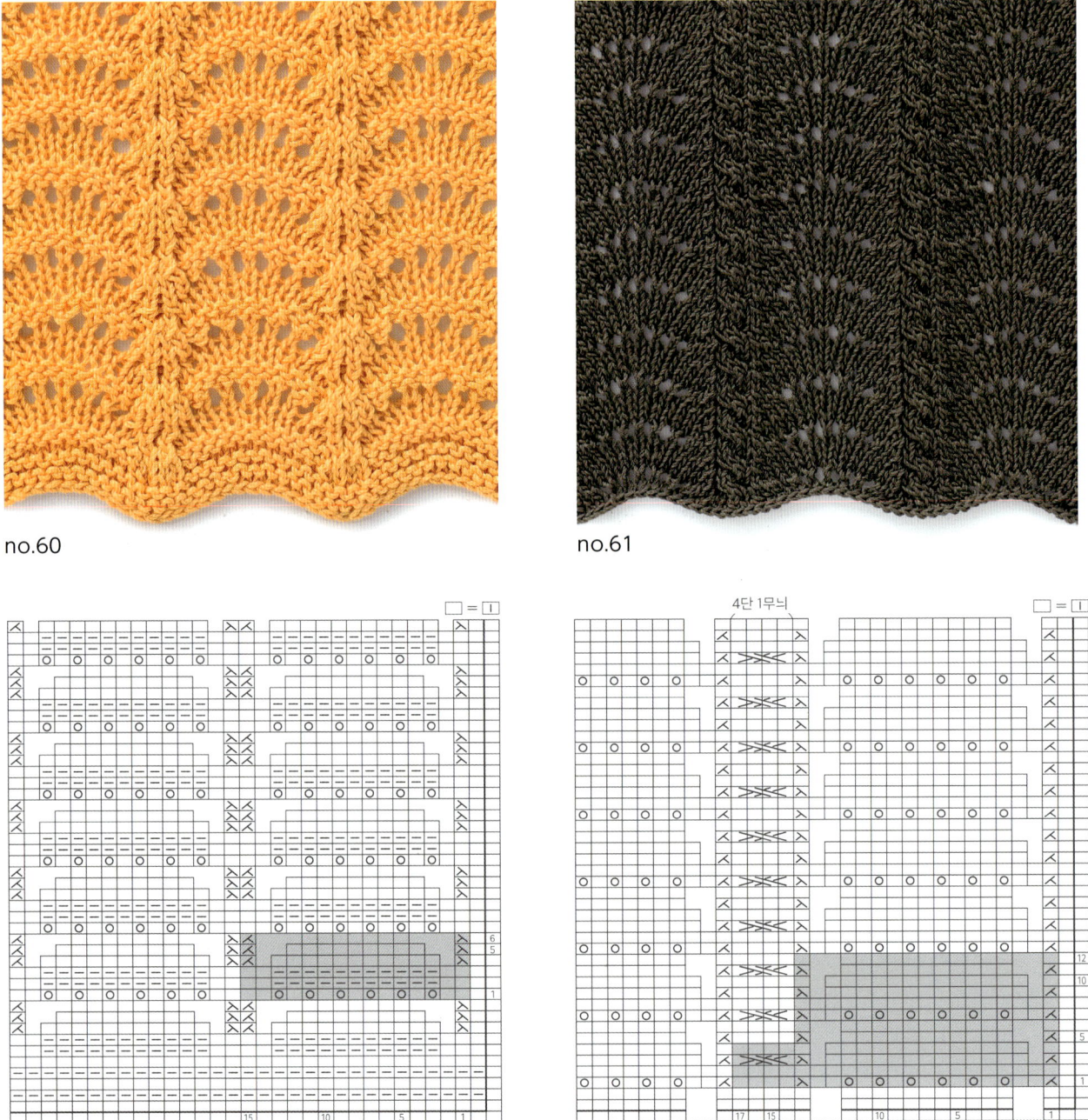

no.60

no.61

Lace

no.62
레이스 무늬를 하나만 사용하지 않고 여러 종류를 합쳐서 배치해도 예쁩니다. 중심 위치가 어긋나지 않도록 주의하며 뜹니다. 균형을 고려하면서 무늬를 고르는 시간도 즐겁습니다.
기호도 →page 124

Lace

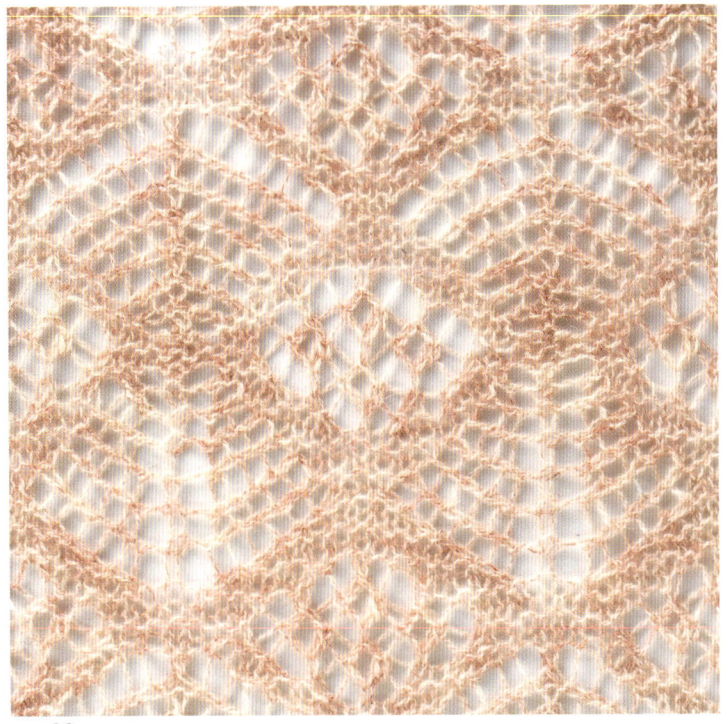
no.63

no.64

※no.63・64 기호도→page 118

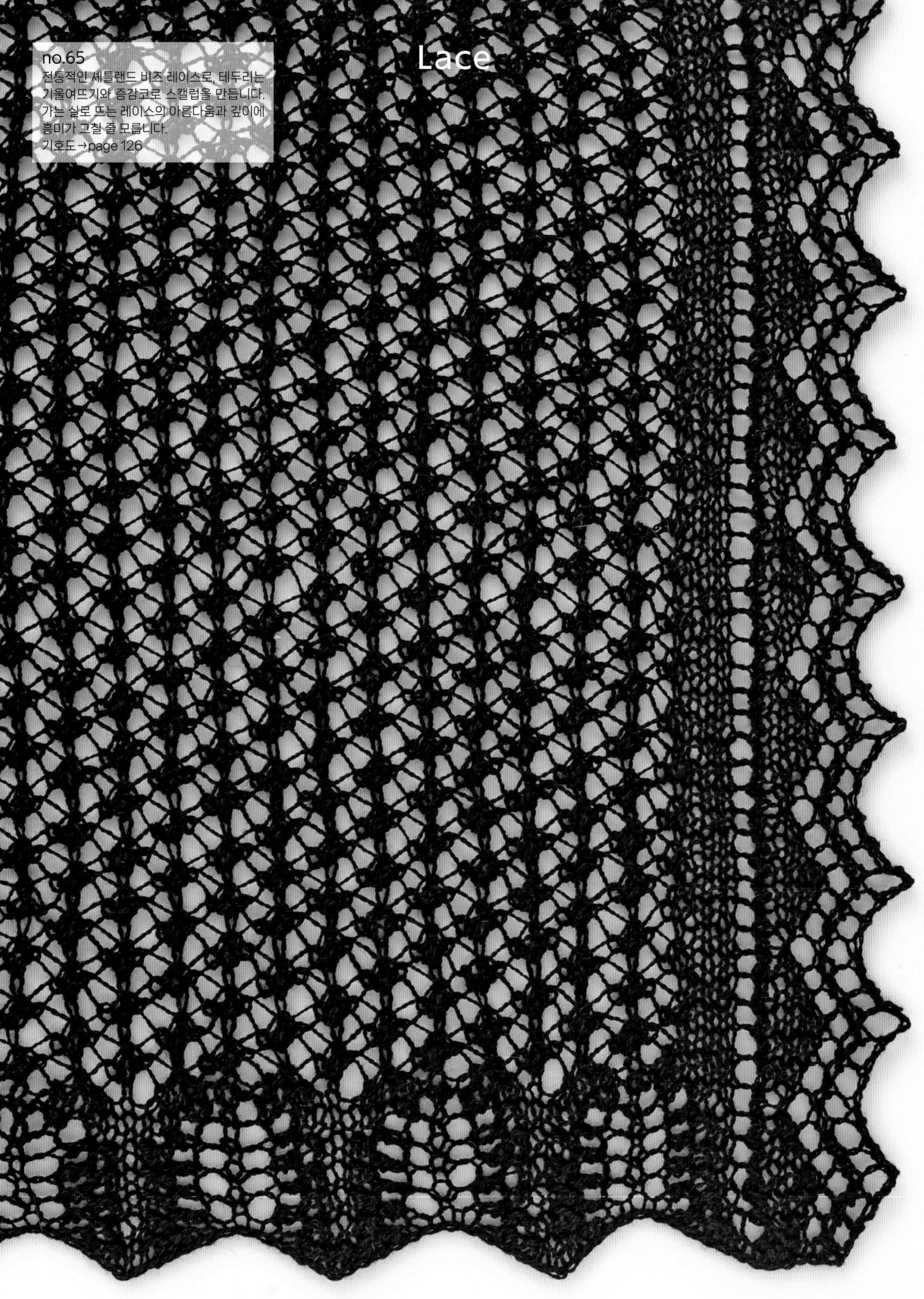

no.65

전통적인 셰틀랜드 비즈 레이스로, 테두리는 기울여뜨기와 증감코로 스캘럽을 만듭니다. 가는 실로 뜨는 레이스의 아름다움과 깊이에 흥미가 그칠 줄 모릅니다.

기호도 →page 126

Lace

Lace

no.66

no.67

no.68

Lace

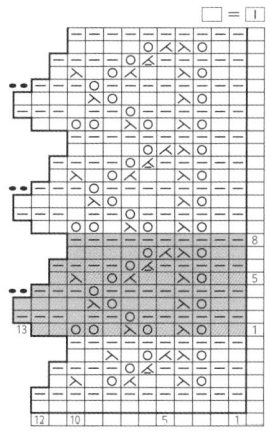

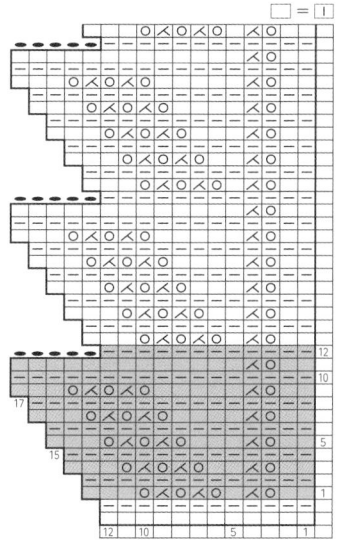

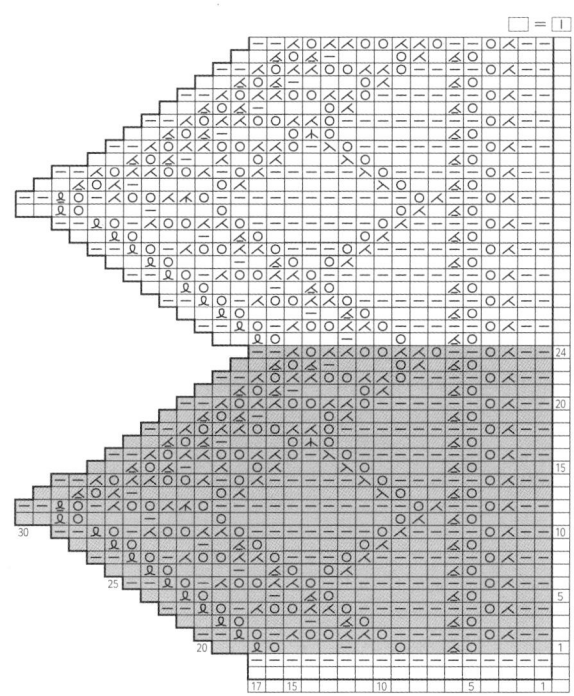

Cable & Aran
케이블과 아란

How to make page 119

Cable & Aran

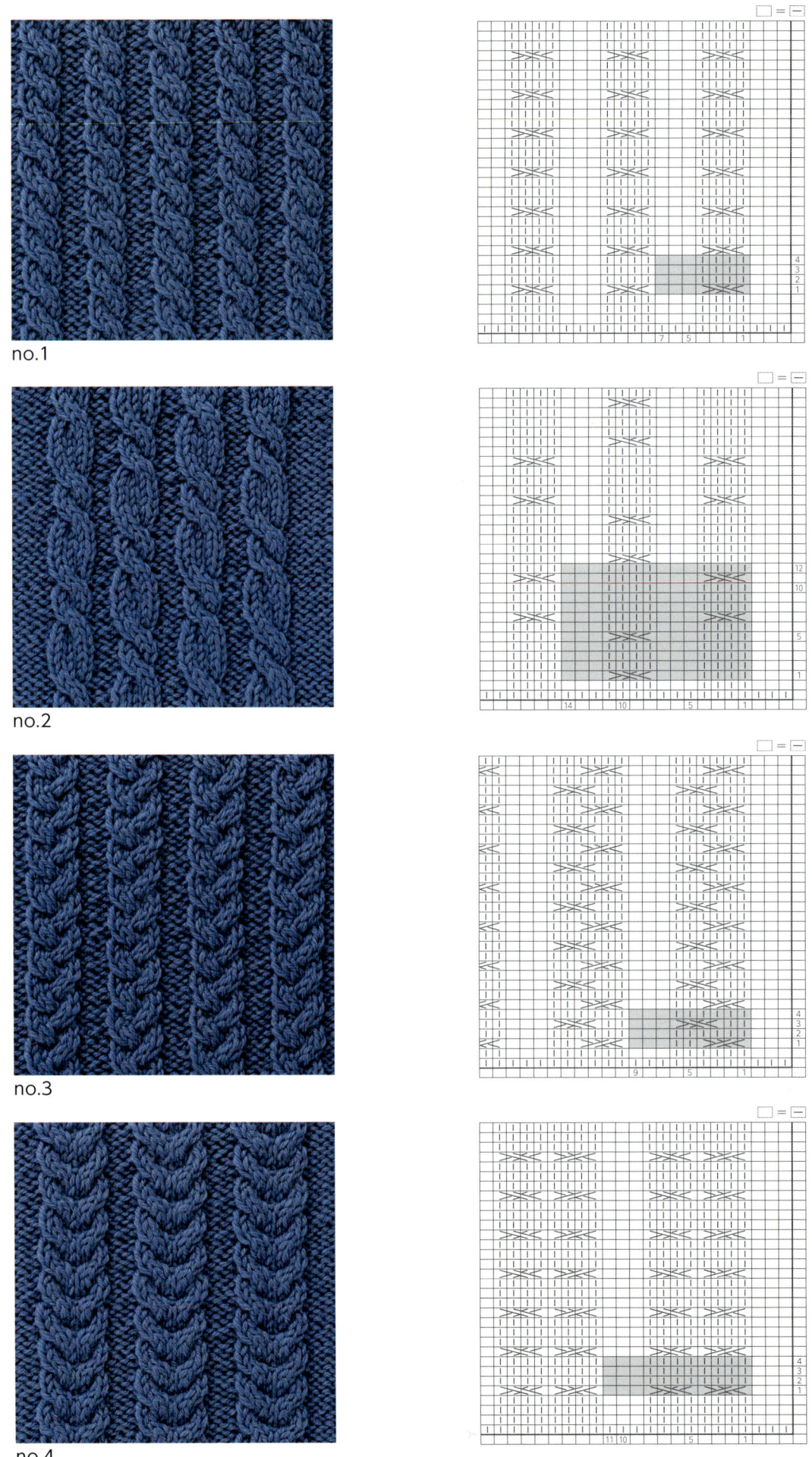

no.1

no.2

no.3

no.4

Cable & Aran

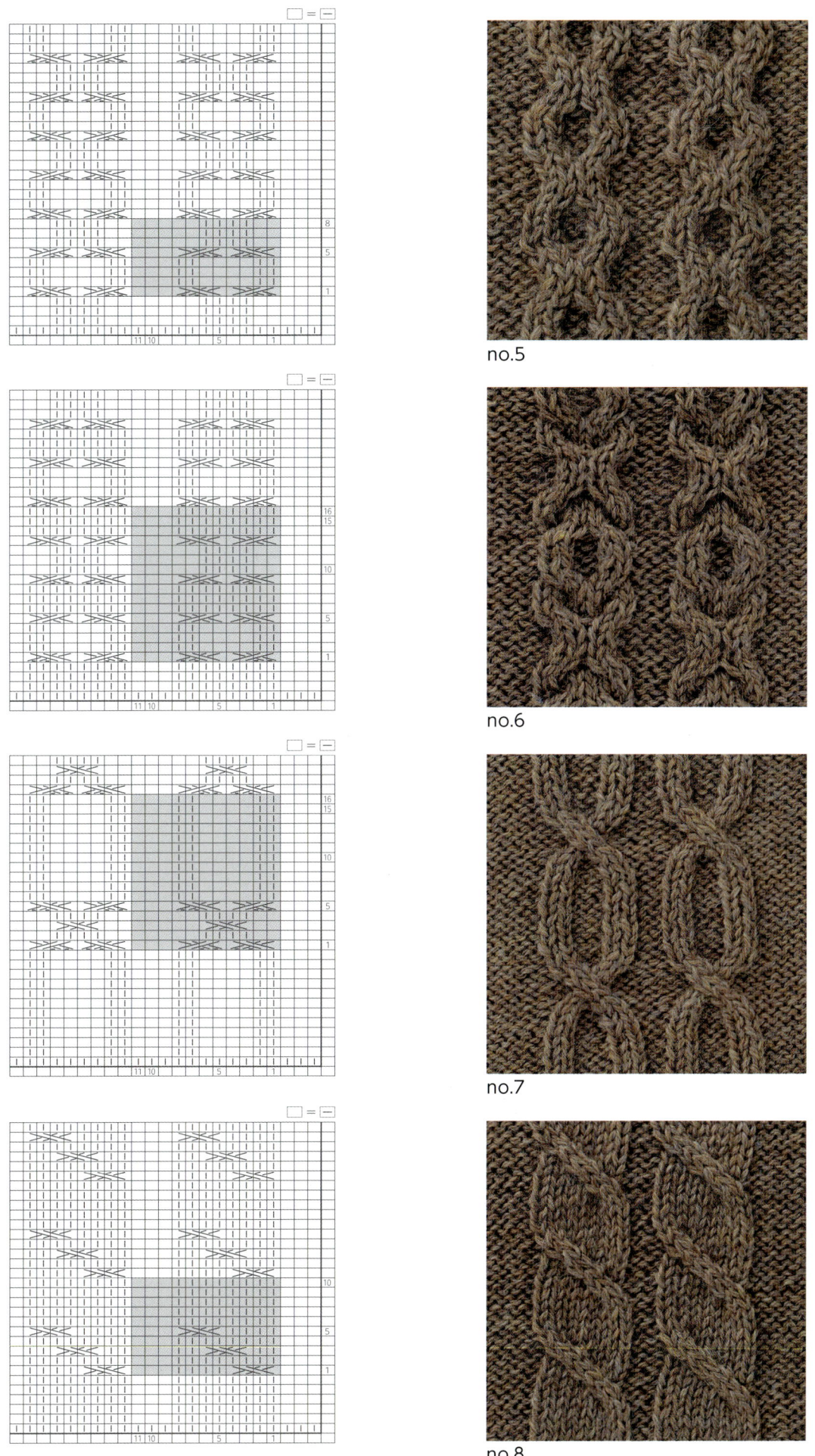

no.5

no.6

no.7

no.8

Cable & Aran

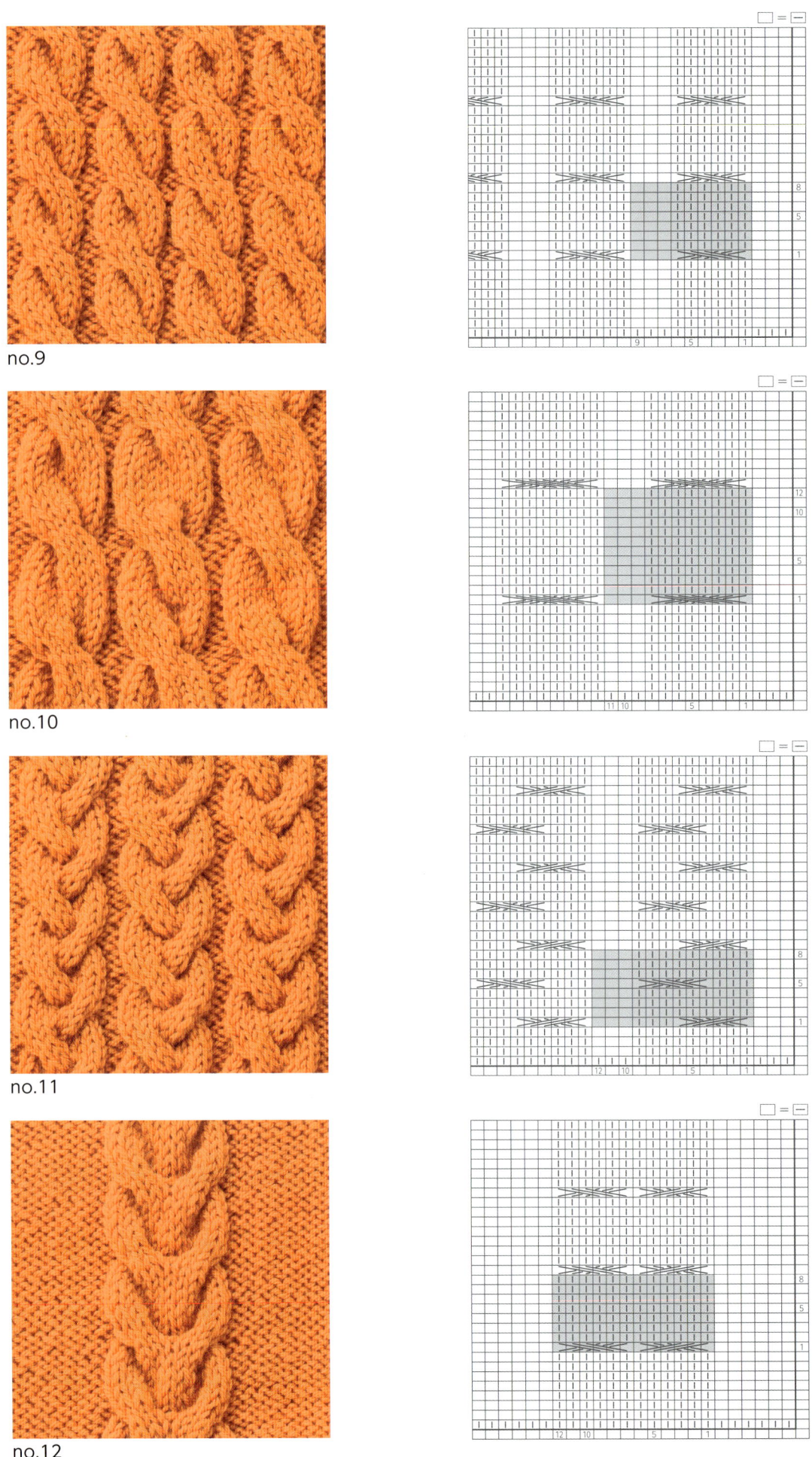

no.9

no.10

no.11

no.12

Cable & Aran

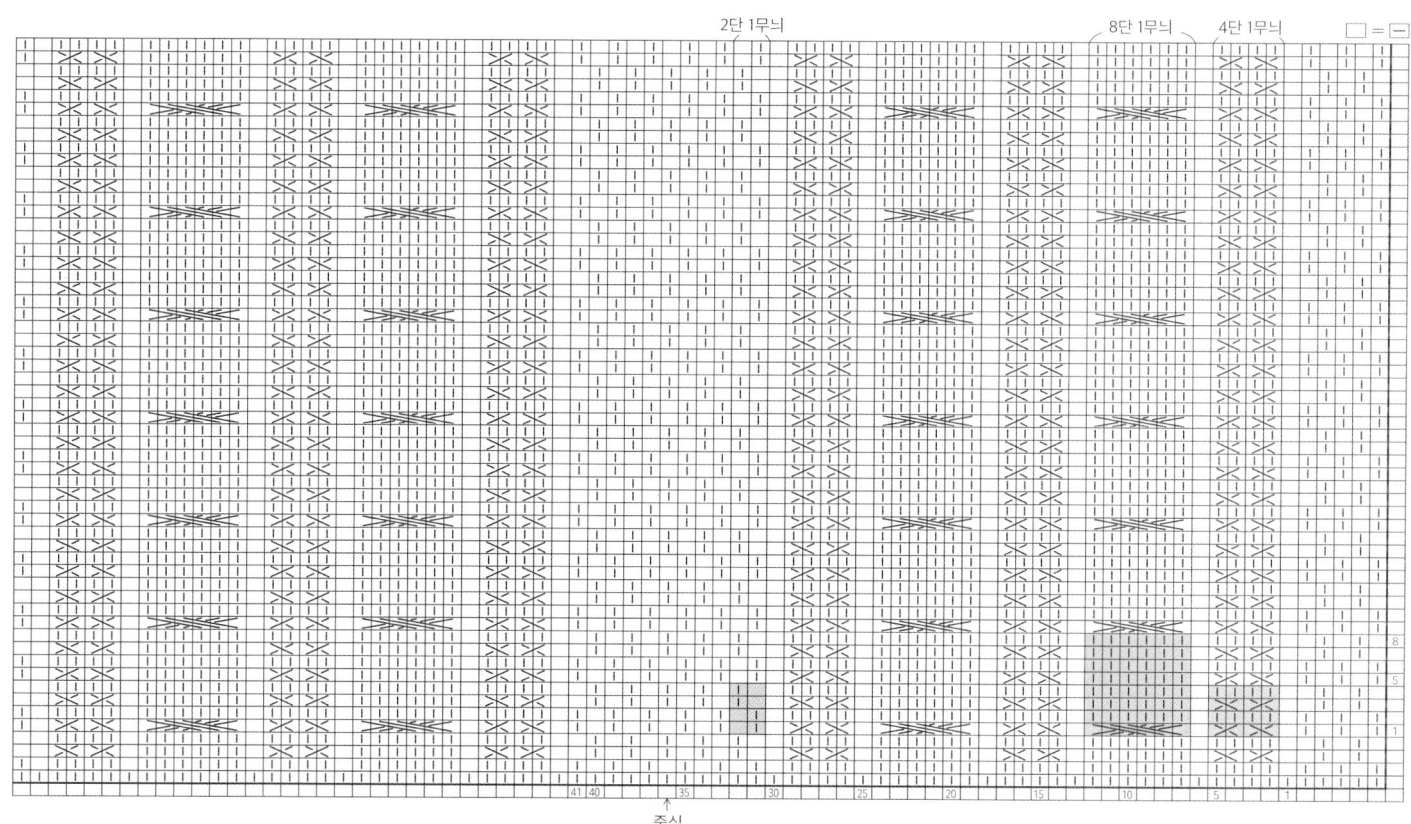

no.13

Cable & Aran

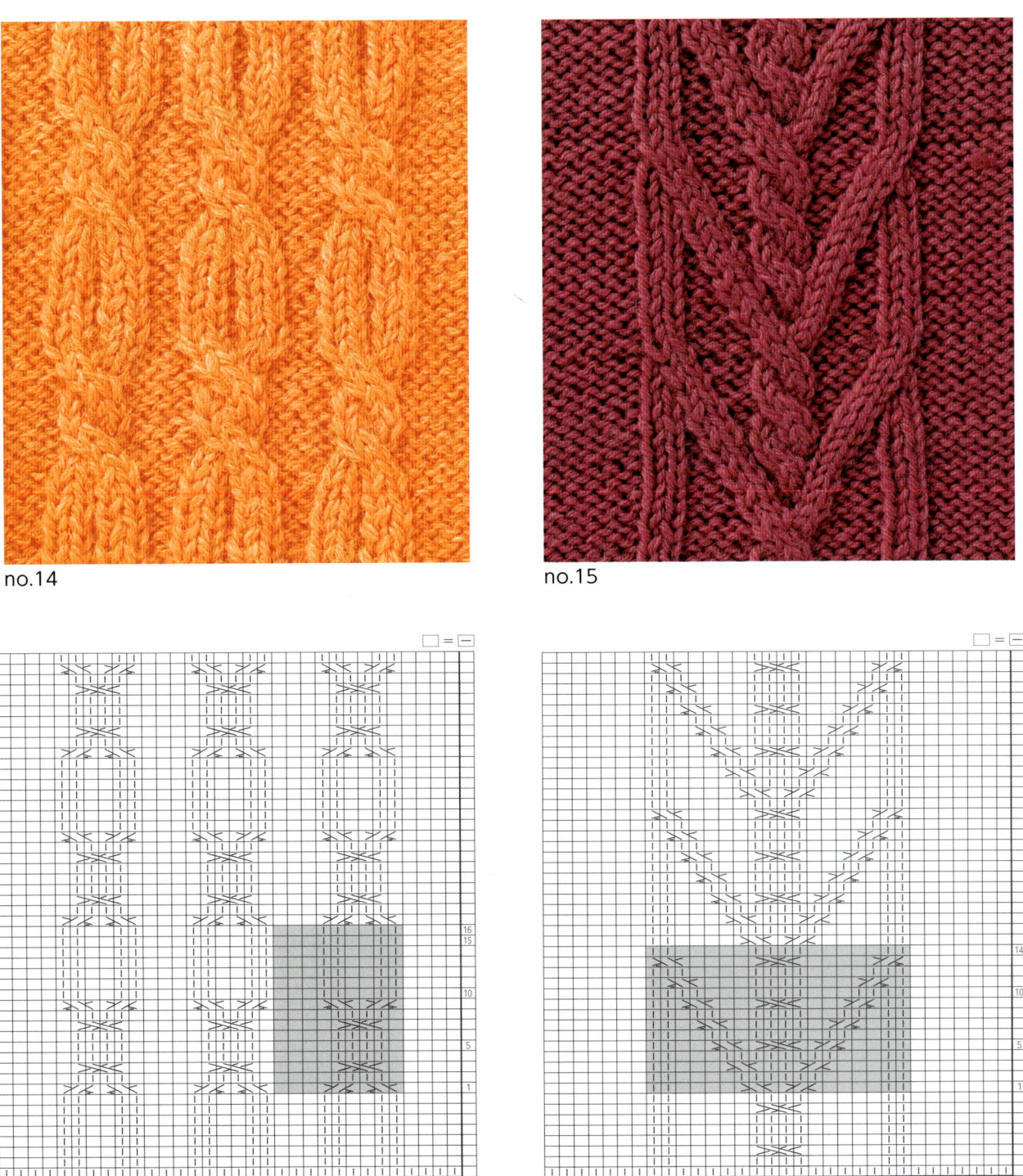

no.14

no.15

Cable & Aran

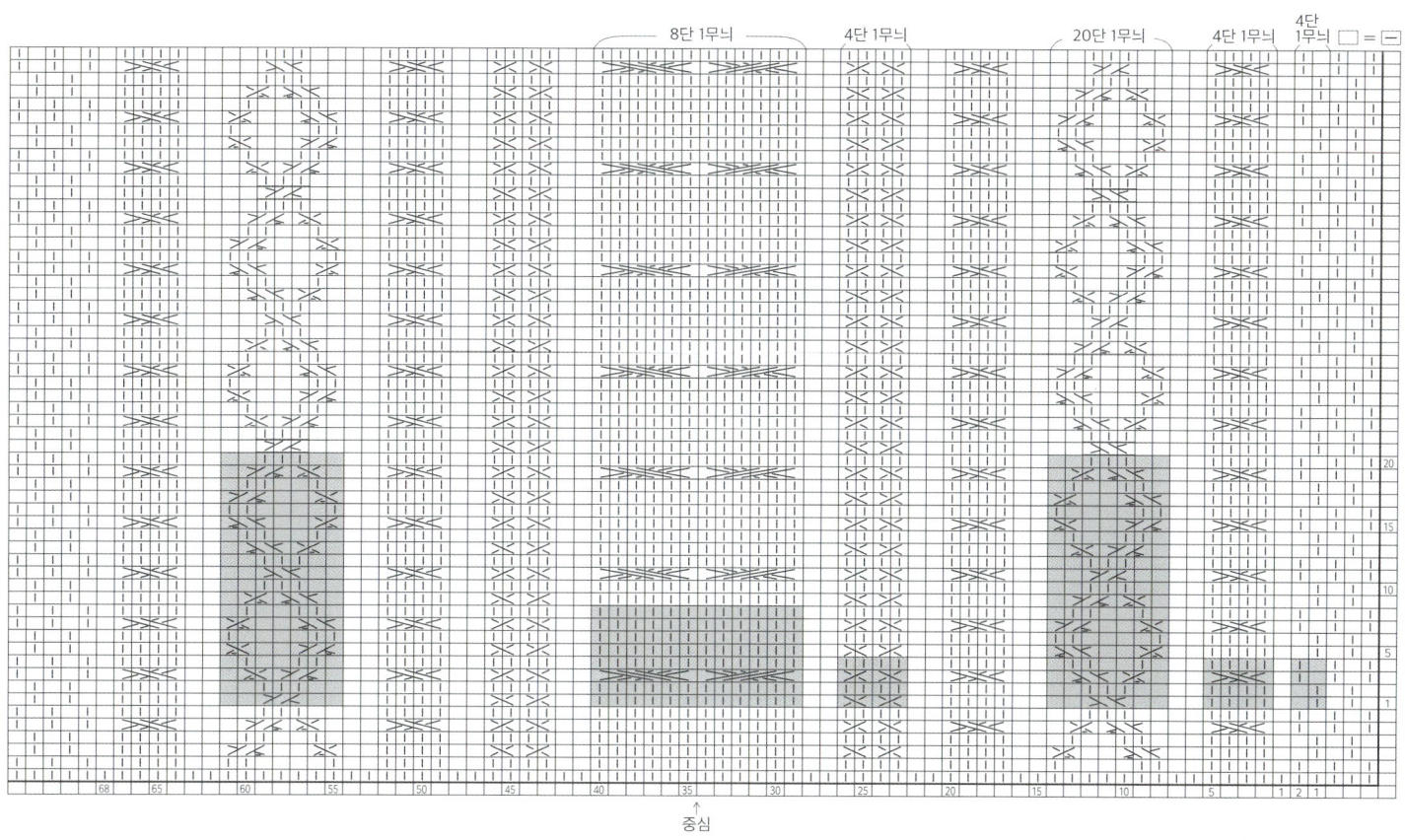

no.16

Cable & Aran

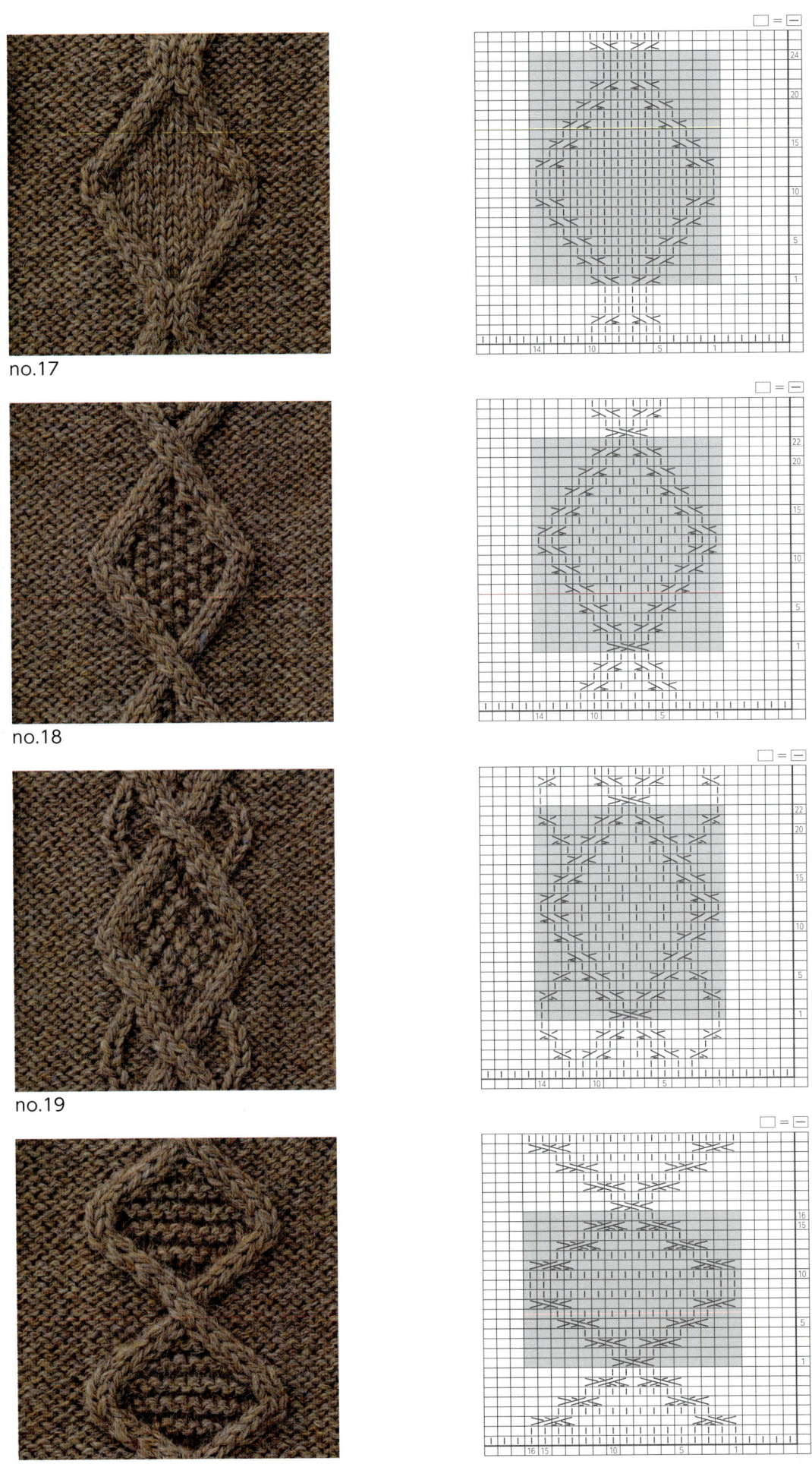

no.17

no.18

no.19

no.20

Cable & Aran

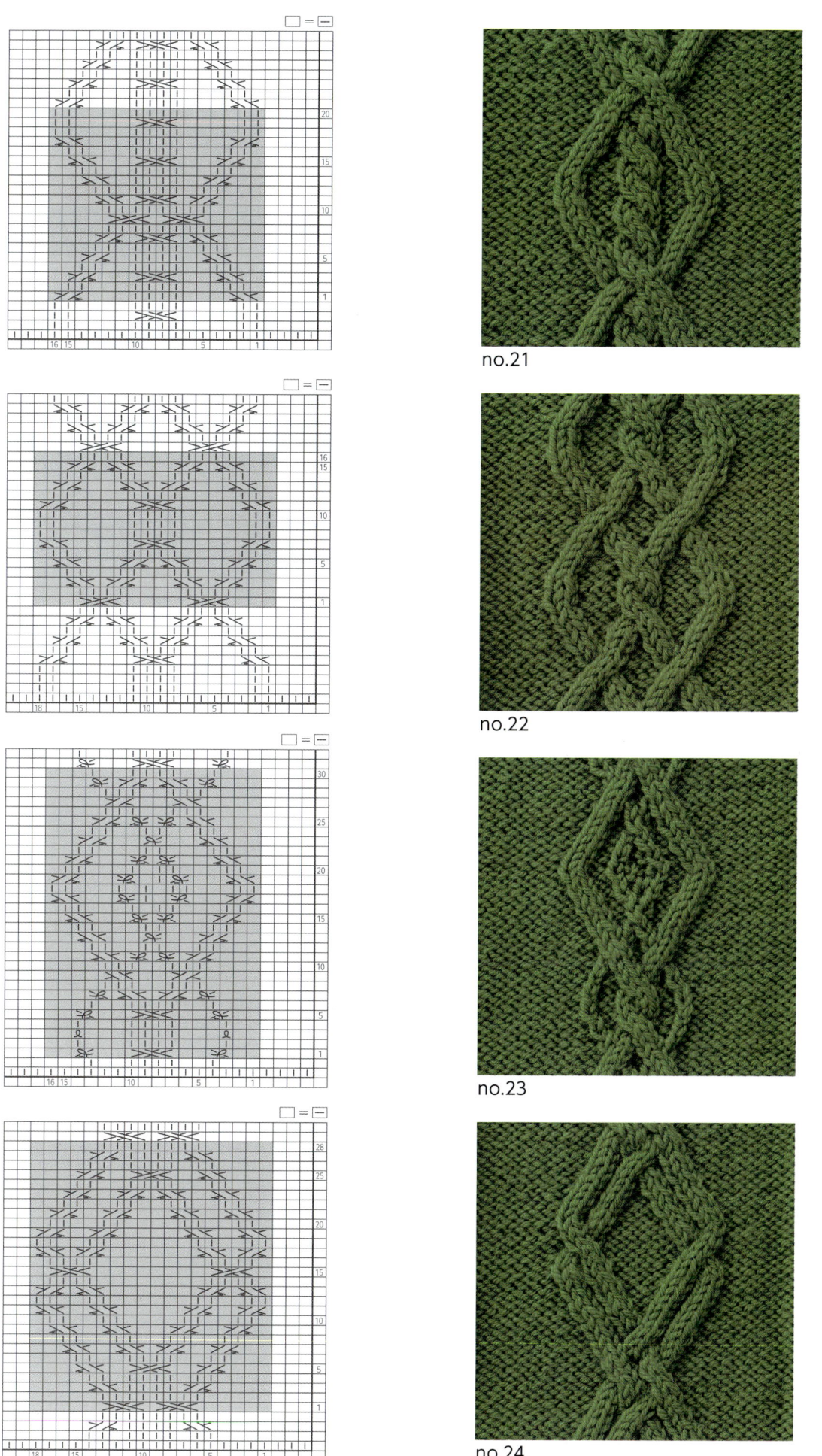

no.21

no.22

no.23

no.24

Cable & Aran

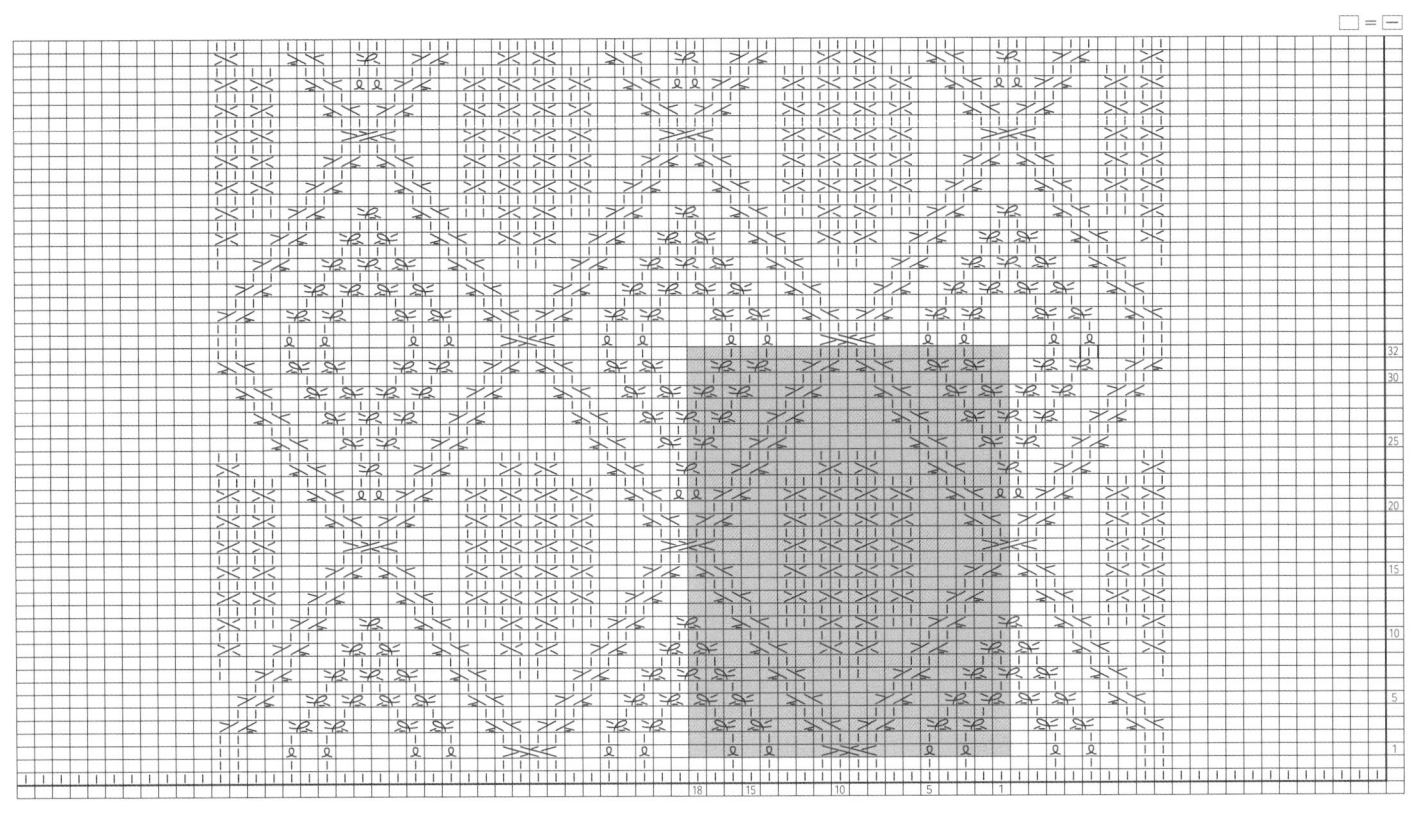

no.25

Cable & Aran

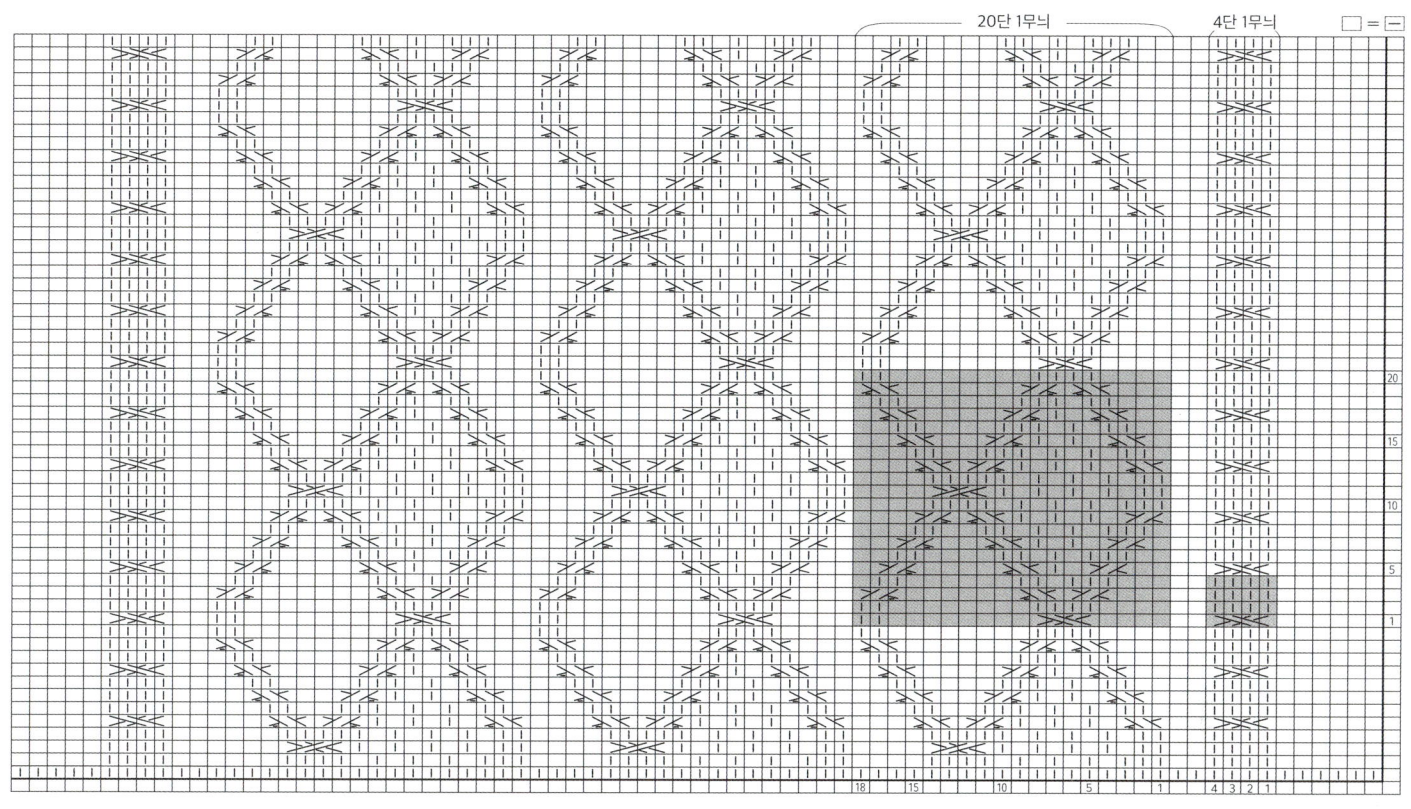

no.26

Cable & Aran

no.27

no.28

Cable & Aran

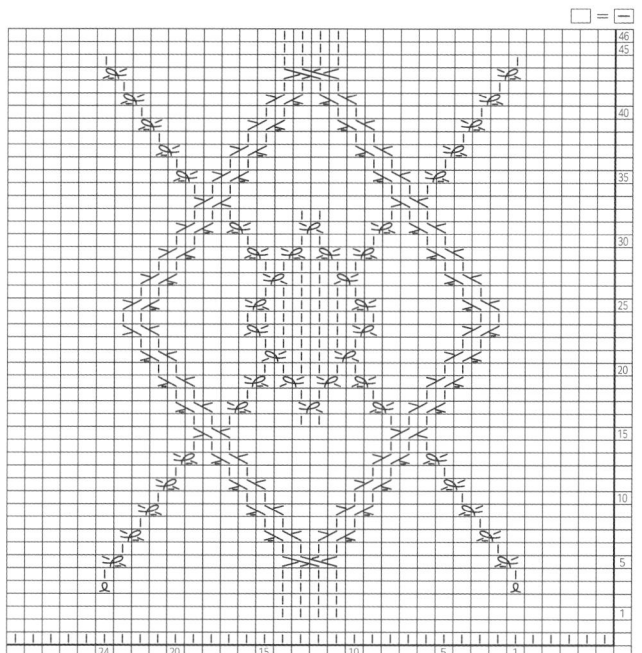
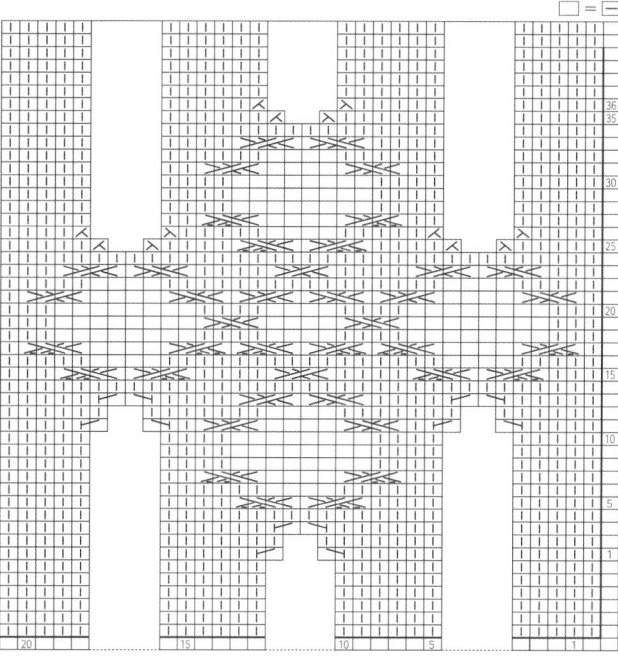

Cable & Aran

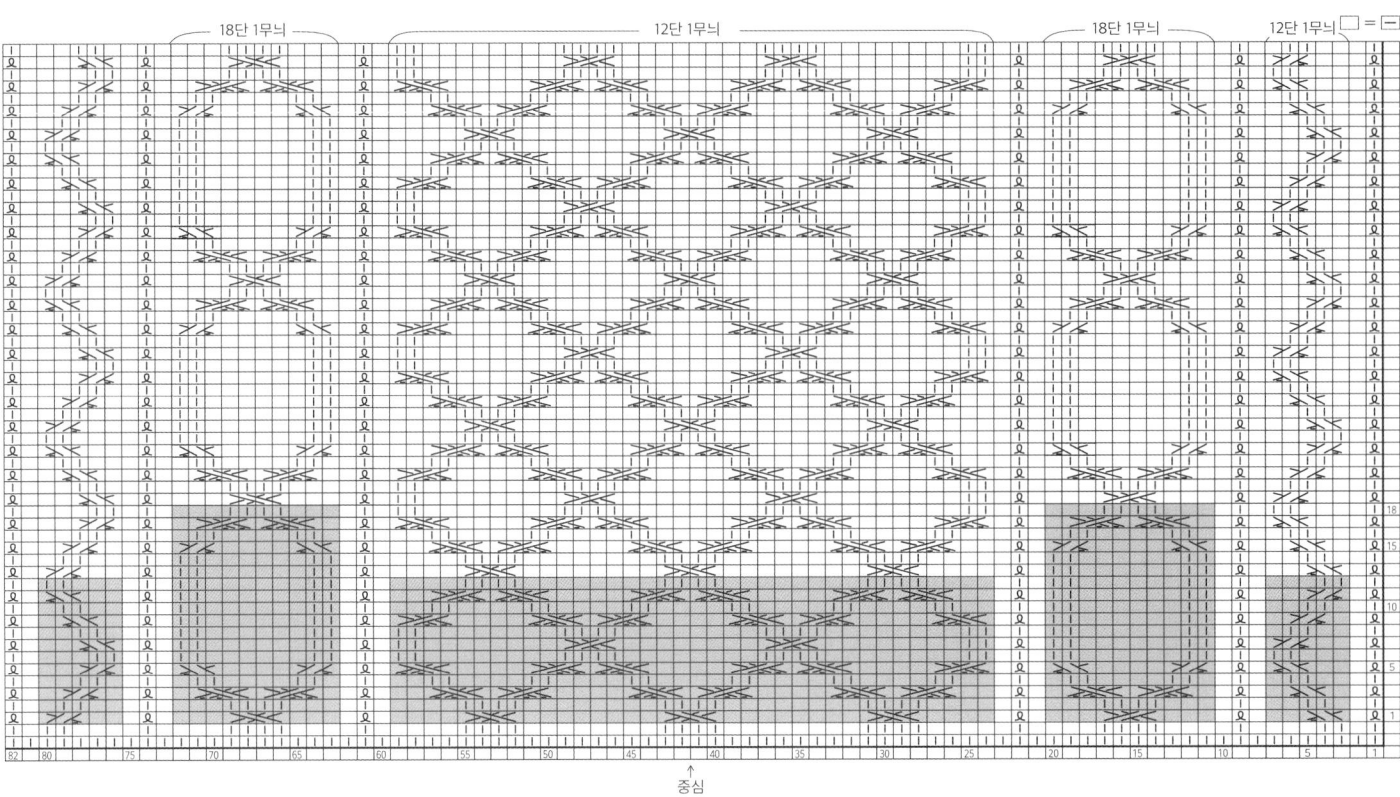

no.29

Cable & Aran

= 아래 코를 꼬면서 대바늘을 넣어 안뜨기 3코 만들기로 뜬다

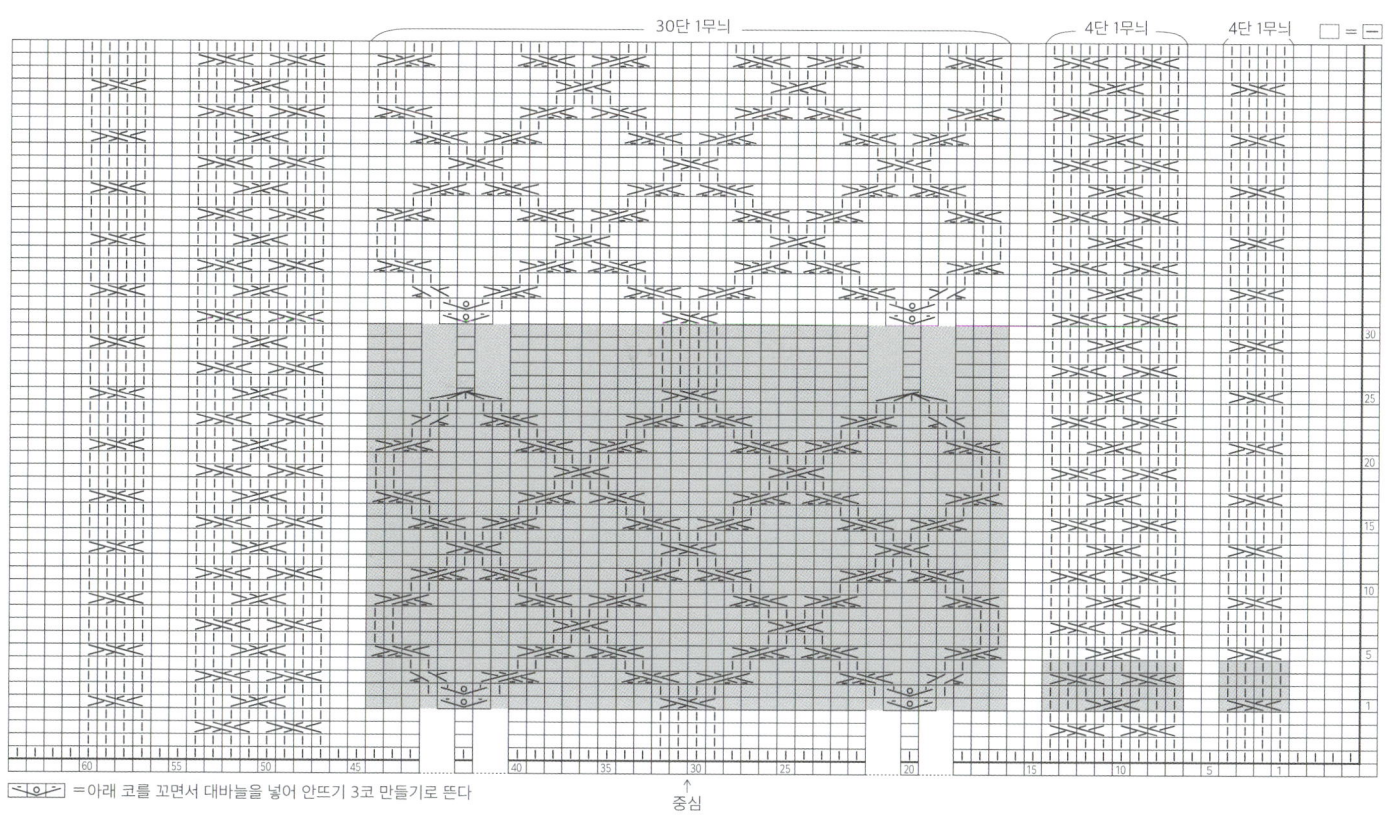

no.30

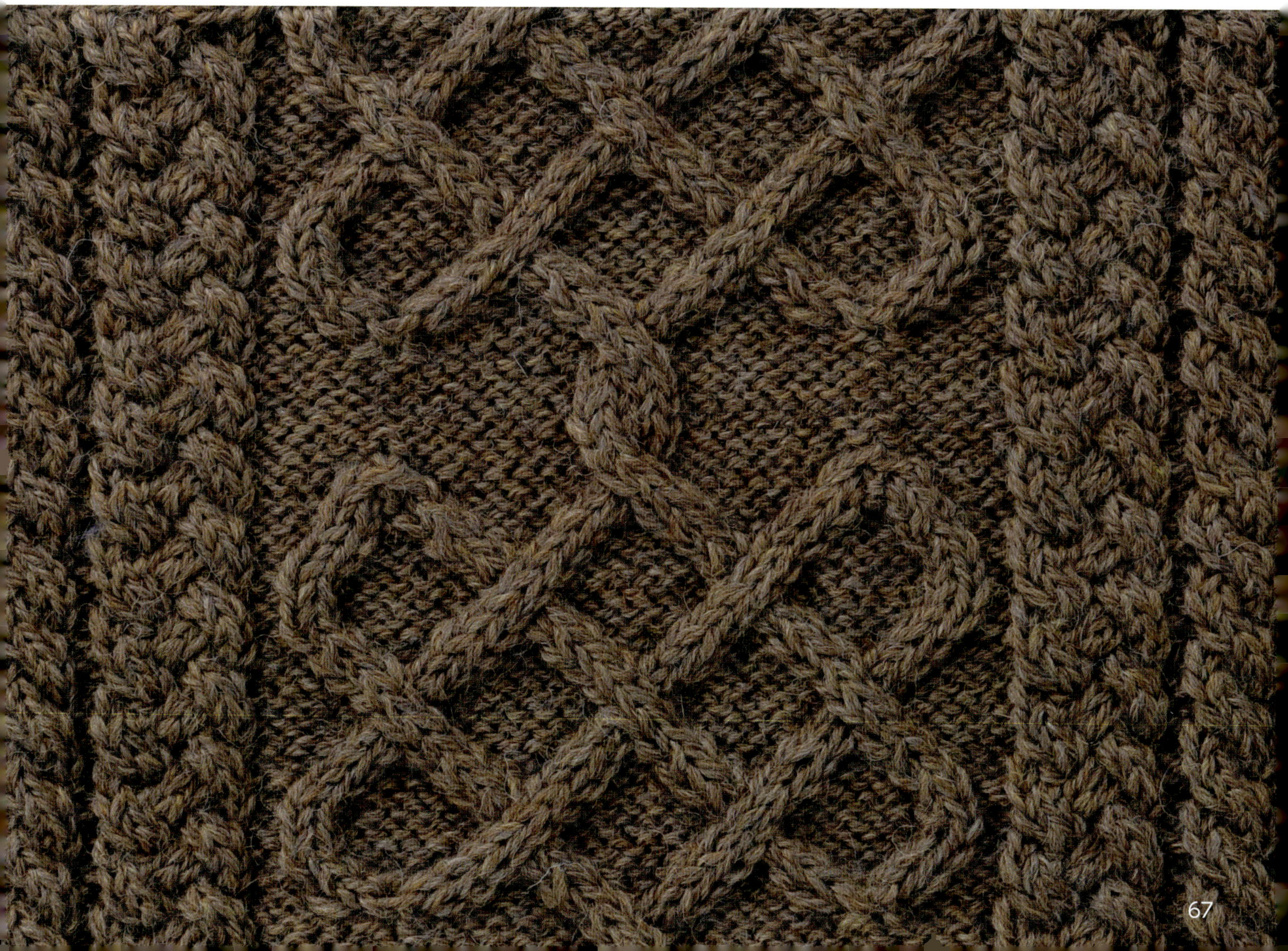

Cable & Aran

no.31

no.32

Cable & Aran

no.33
중앙에는 포인트로 다이아몬드와 가는 케이블을, 좌우에는 6코 케이블을 배치해 심플한 아란 무늬를 떴습니다. 무늬를 많이 넣는 것도 좋아하지만, 때때로 이렇게 가벼운 무늬도 사용합니다.
기호도→page 71

Cable & Aran

no.31
page 68

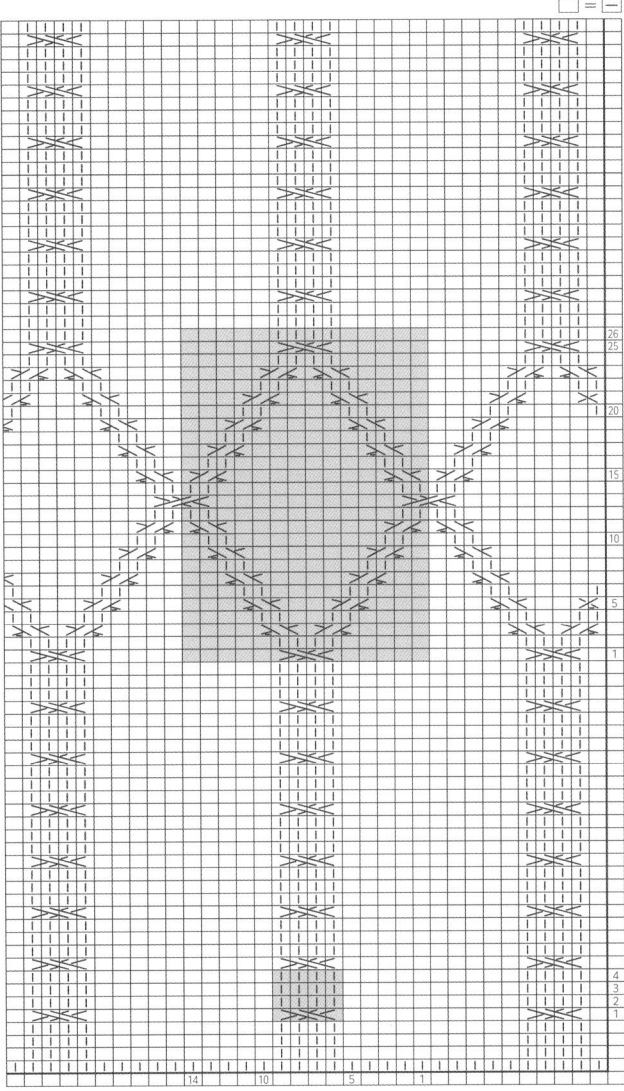

no.32
page 68

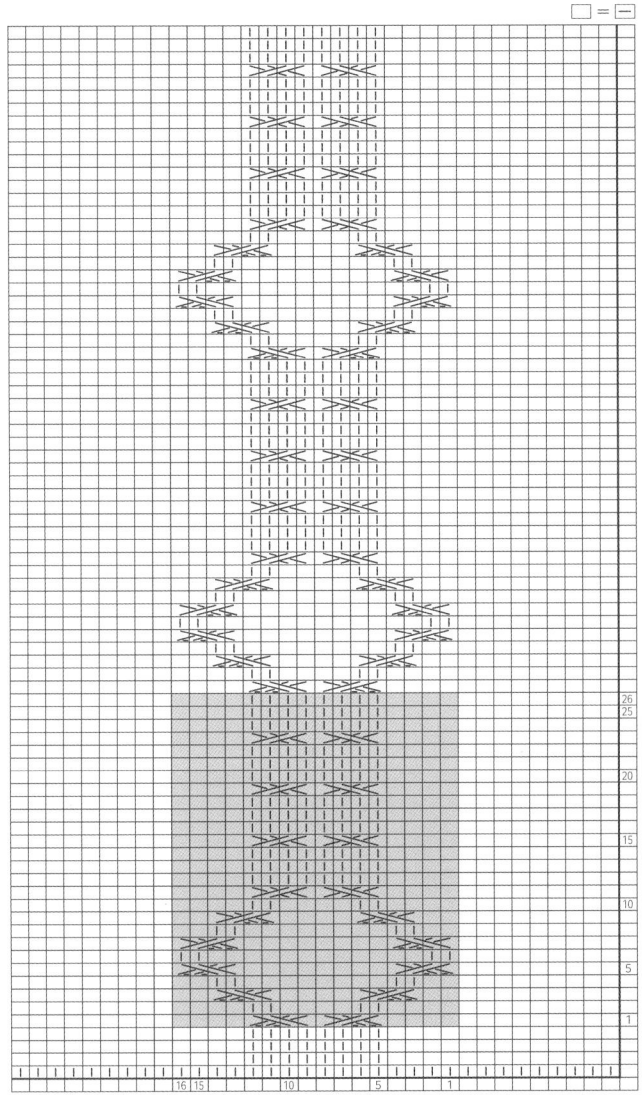

Cable & Aran

no.33
page 69

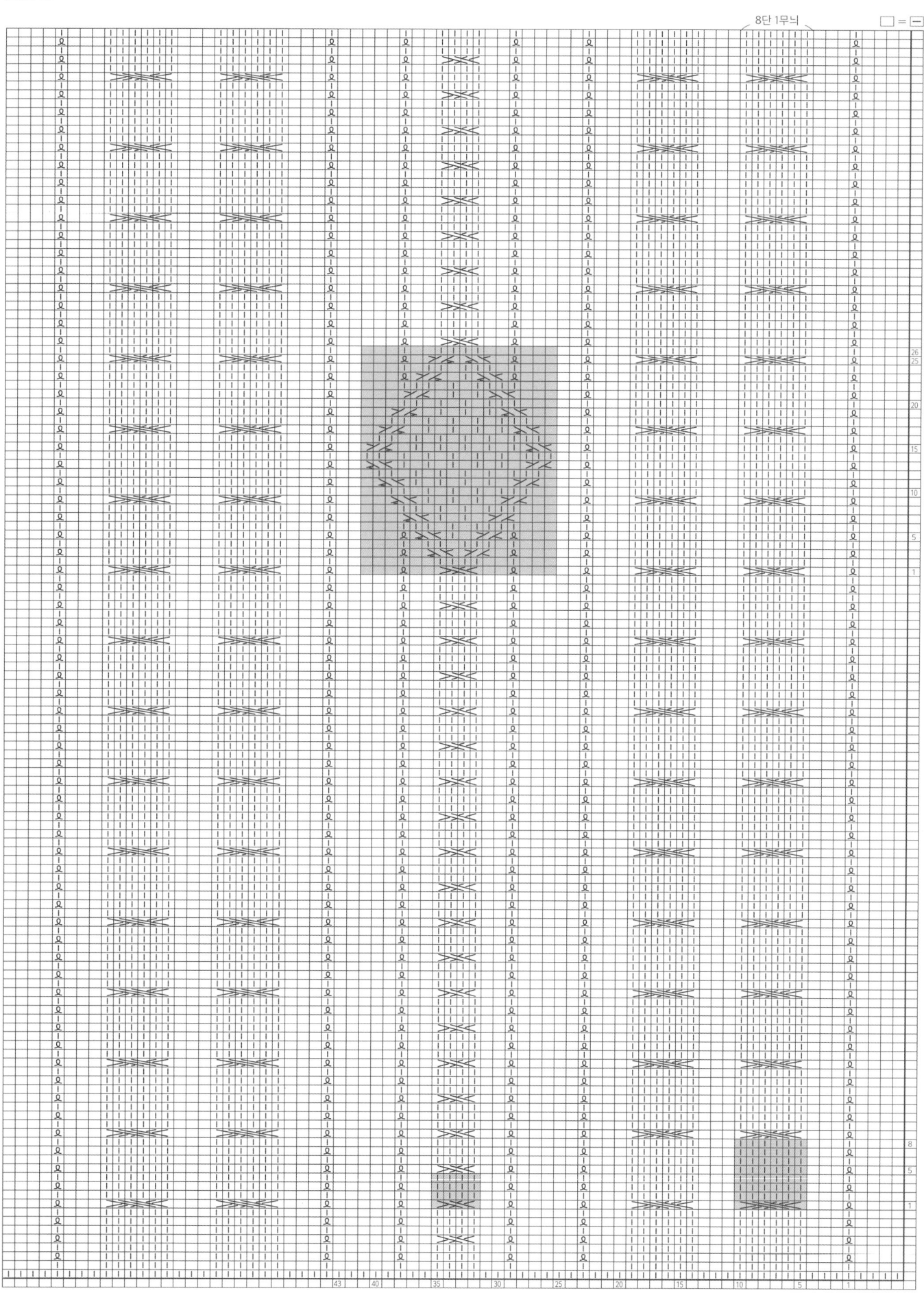

Cable & Aran

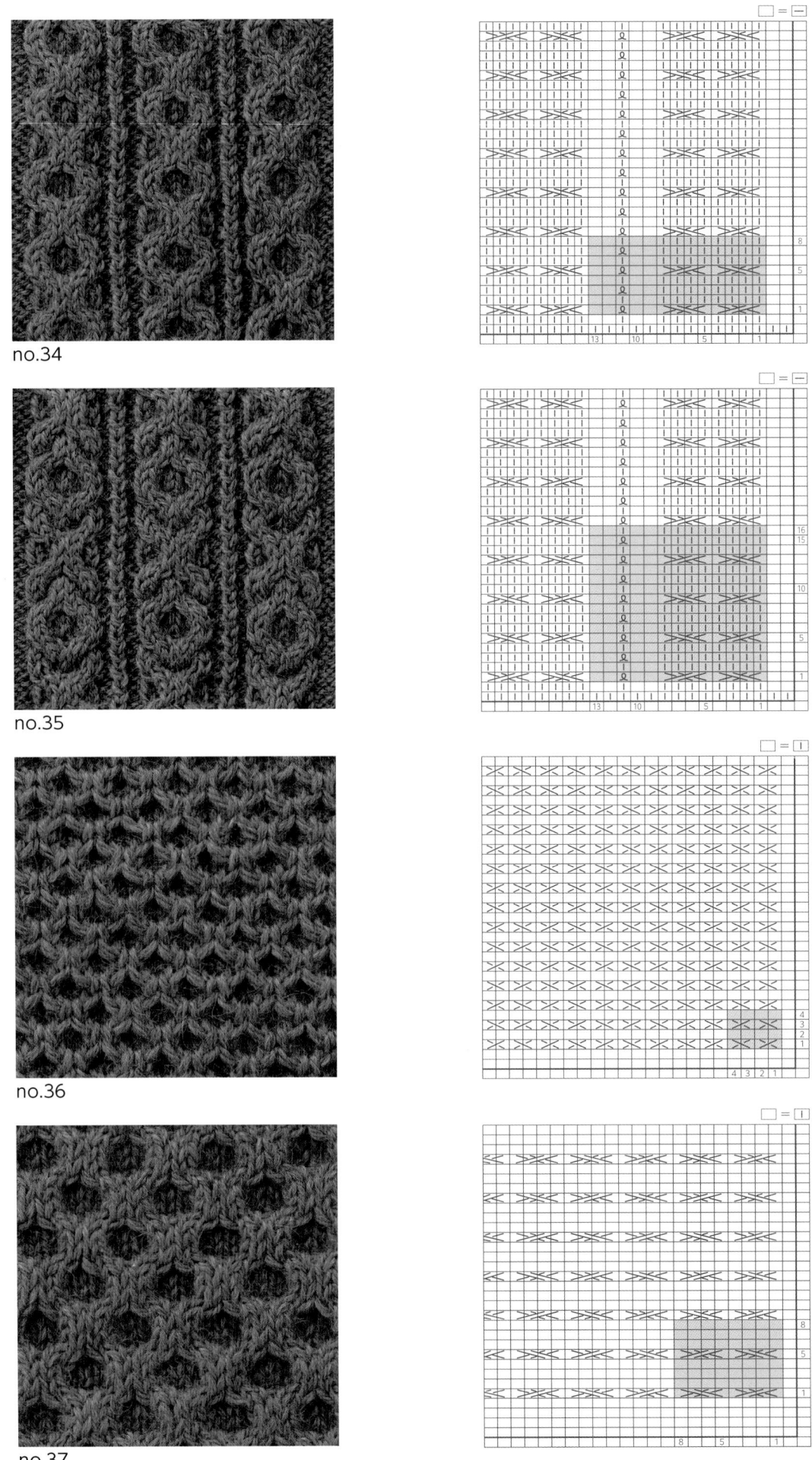

no.34

no.35

no.36

no.37

Cable & Aran

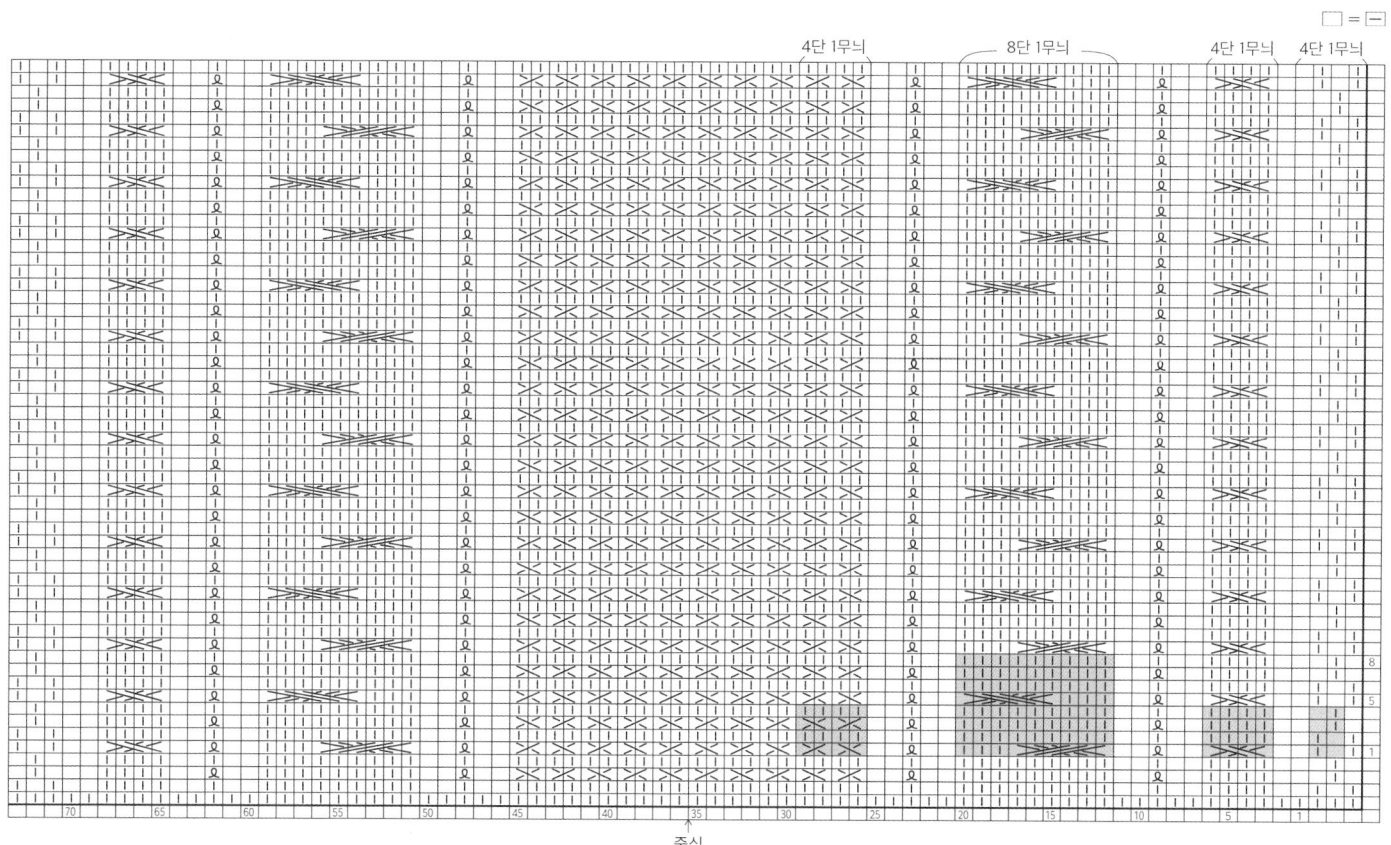

no.38

Cable & Aran

no.39

no.40

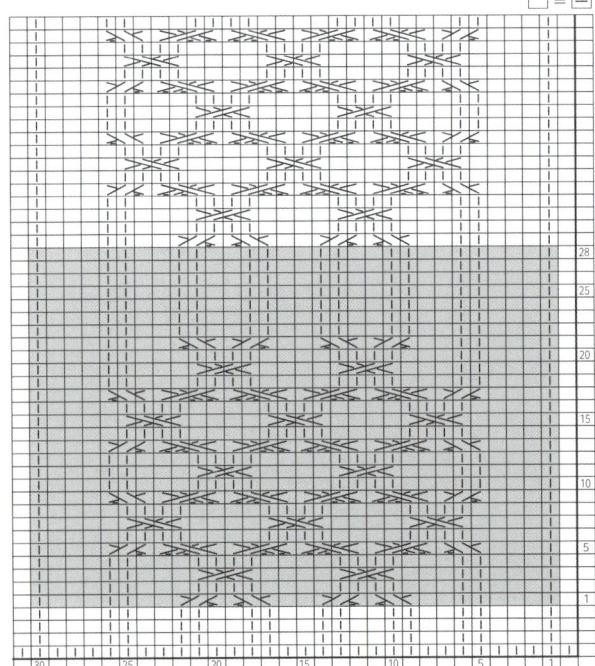

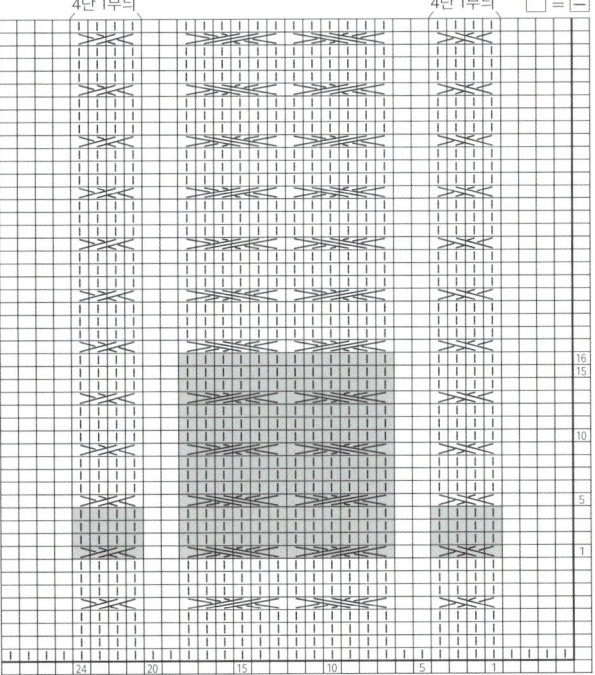

Cable & Aran

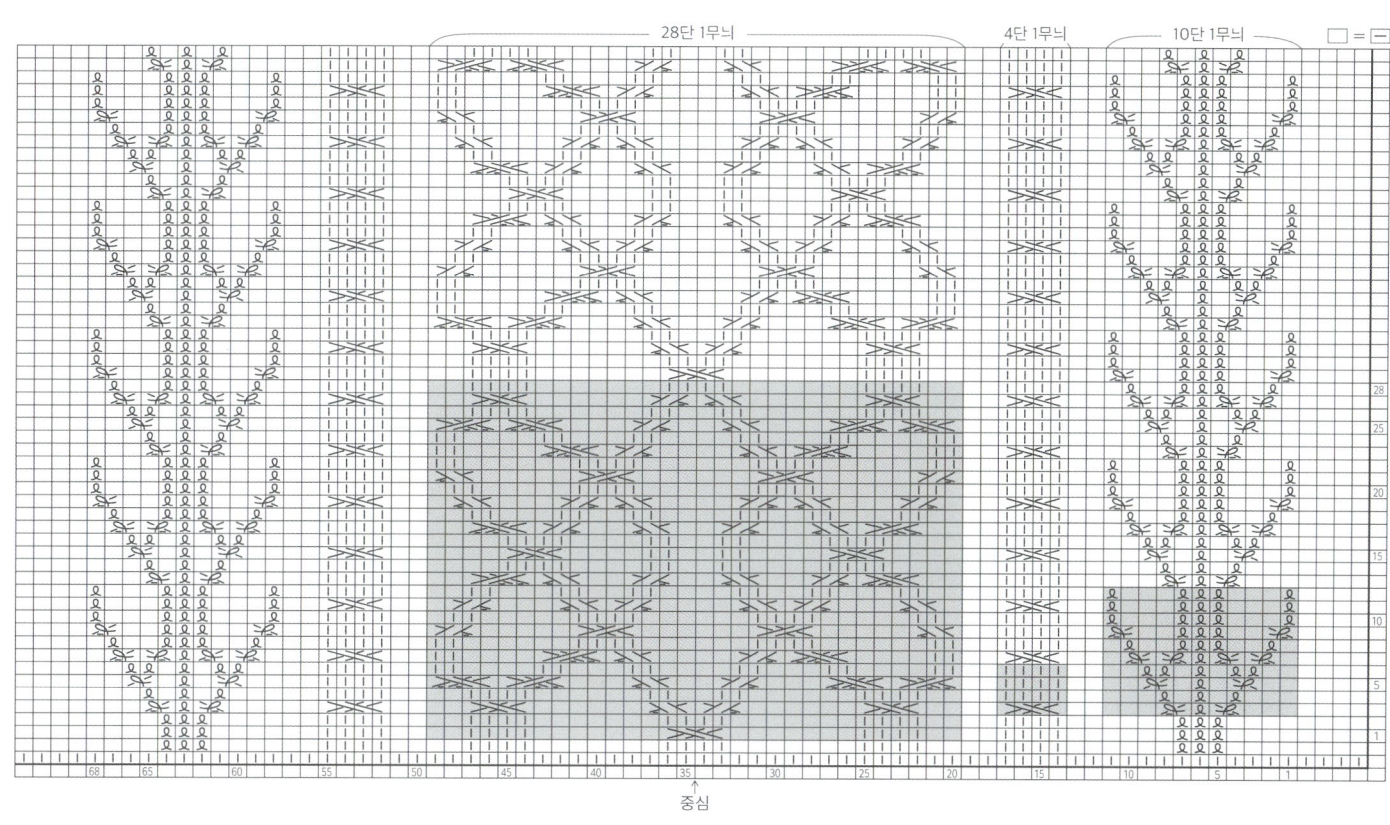

no.41

Cable & Aran

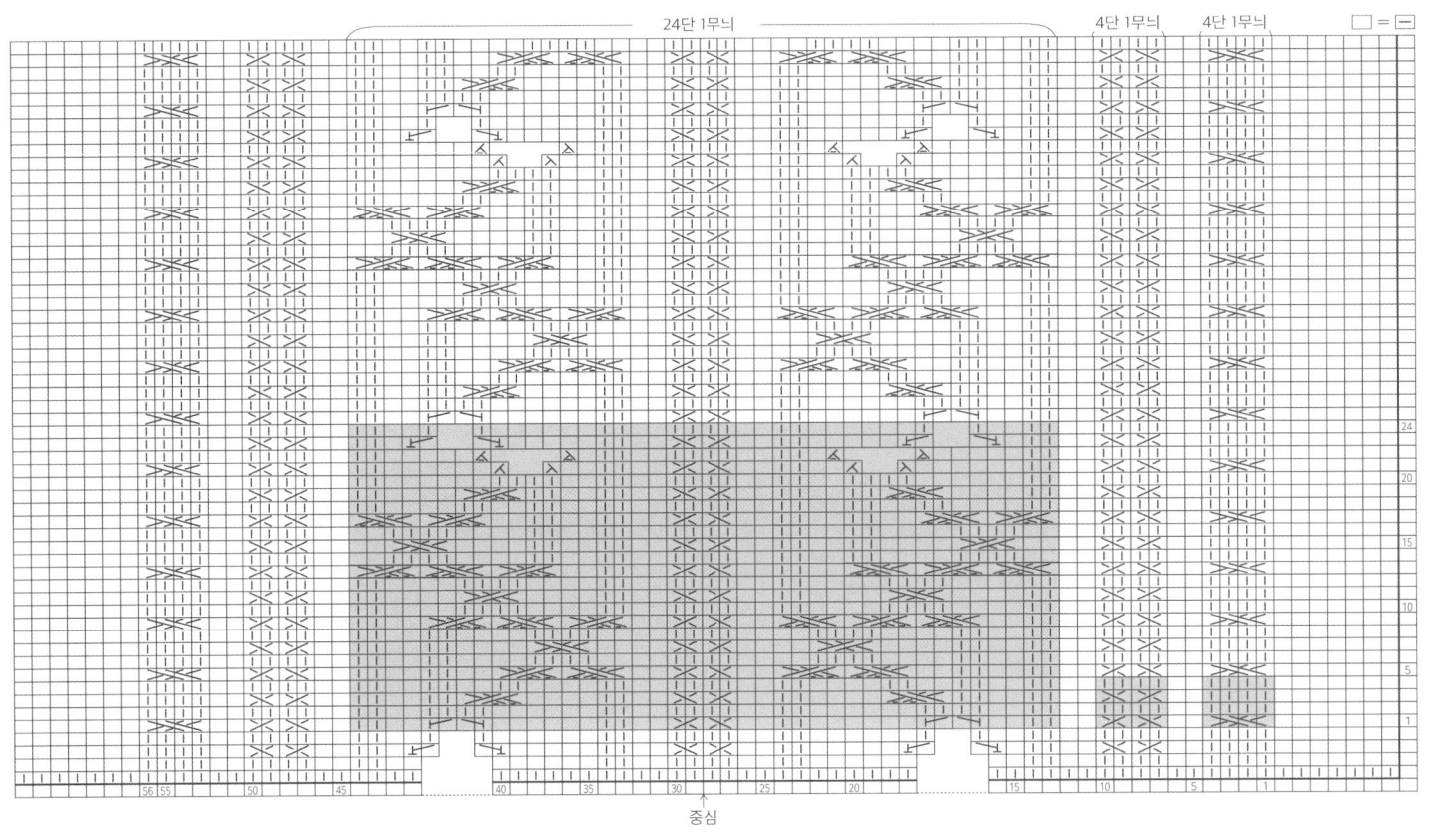

no.42

Cable & Aran

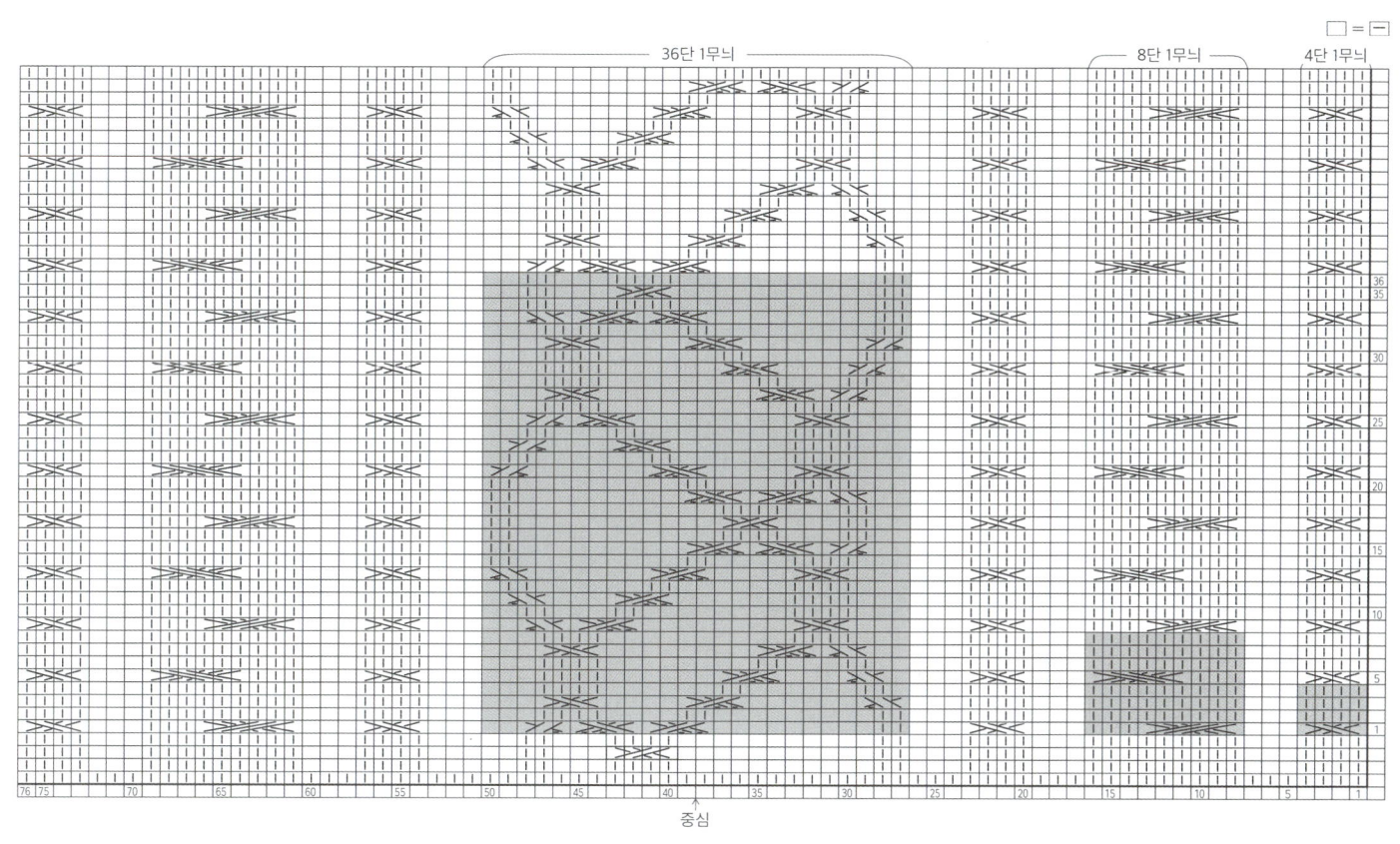

no.43

Cable & Aran

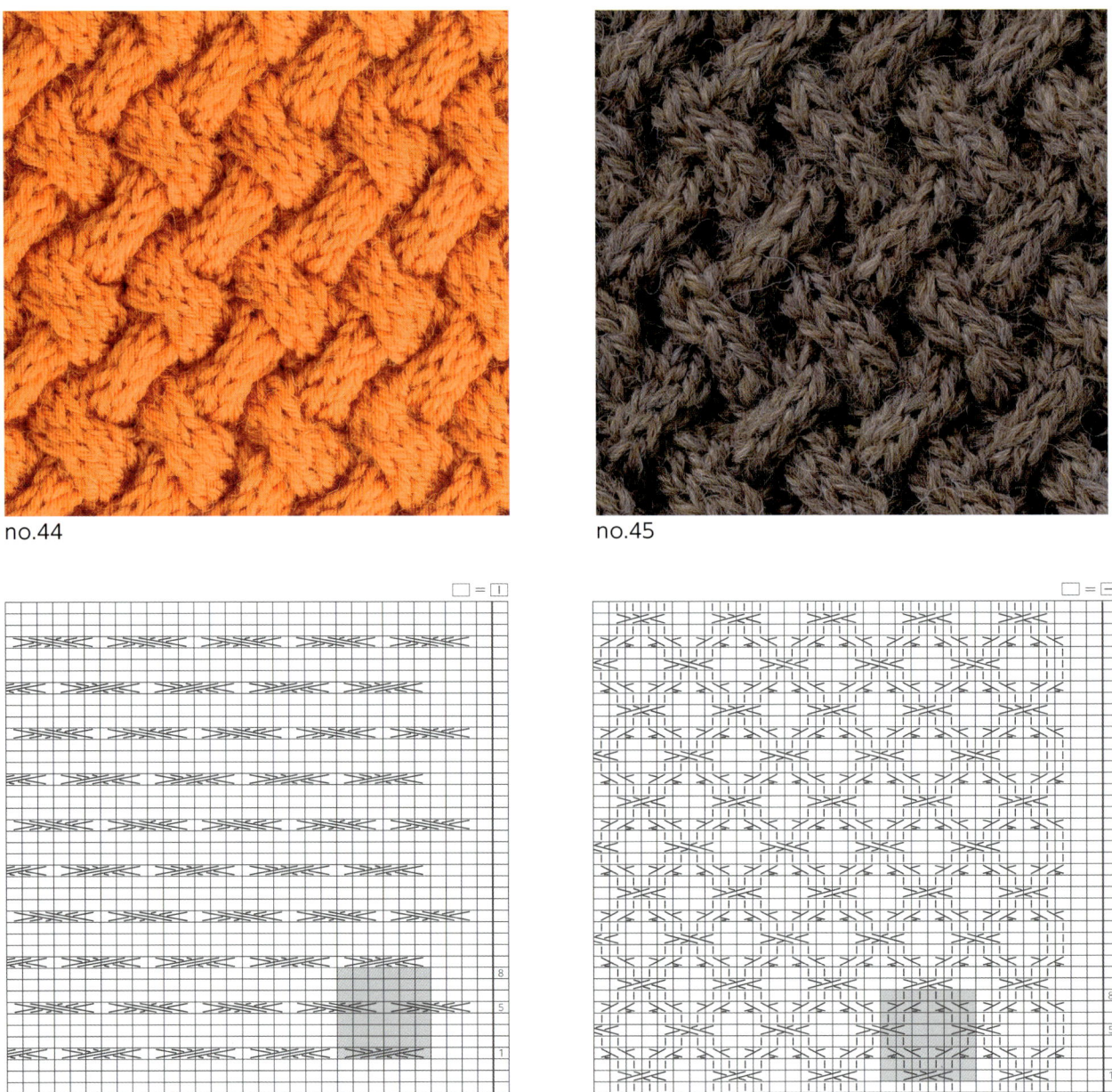

no.44

no.45

Cable & Aran

no.46
중앙에 바구니 무늬, 4코·6코 케이블, 버블을 넣은 생명의 나무 변형 무늬를 넣었습니다. 실을 더 굵은 것으로 바꾸면 무늬의 볼륨감이 달라집니다.
기호도→page 125

Cable & Aran

no.47
풀오버나 재킷 밑단에 고무뜨기 대신 장식 무늬를 넣으면 고전미가 느껴지면서 한층 더 멋스러워집니다.
기호도→page 126

Cable & Aran

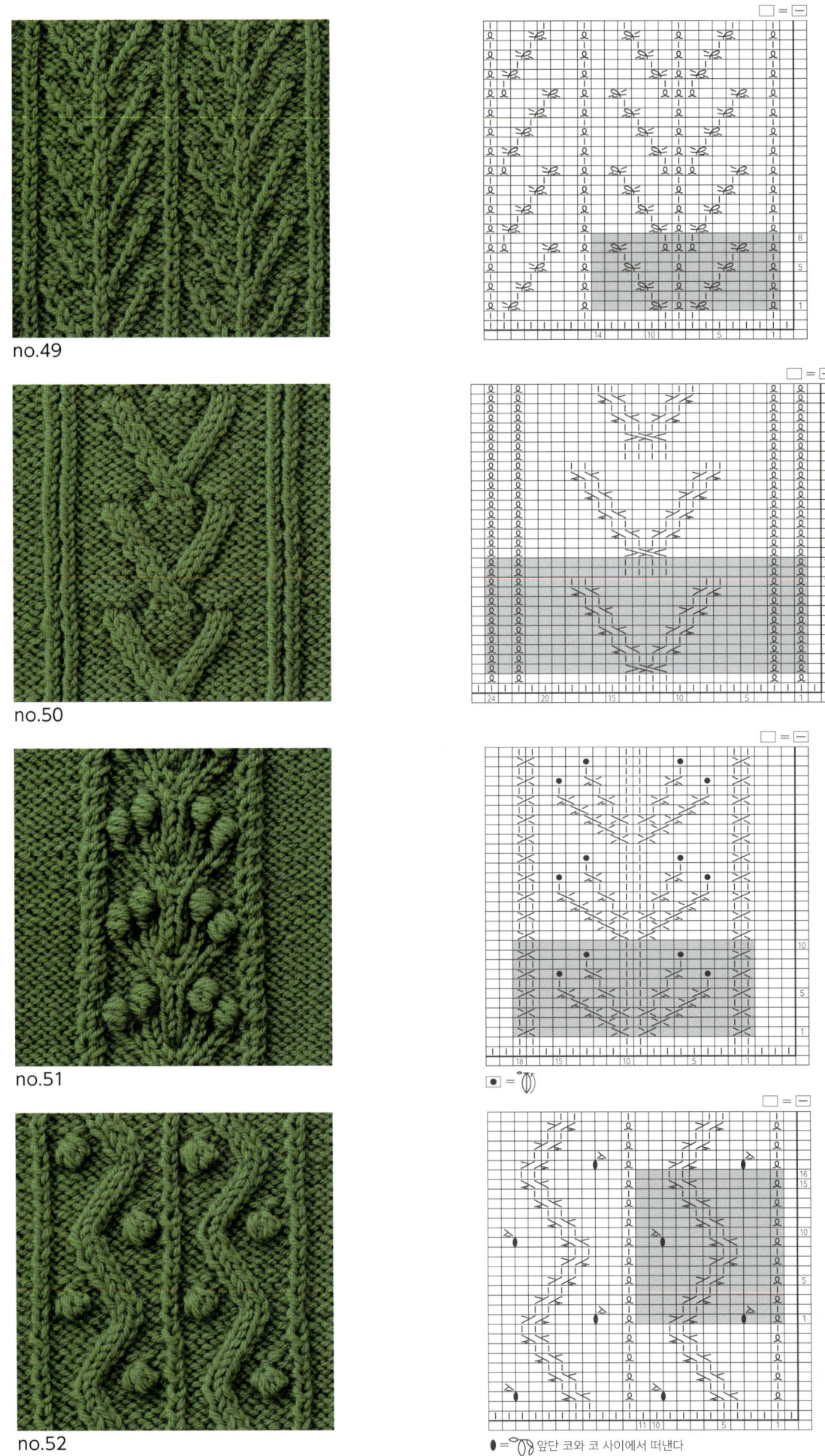

no.49

no.50

no.51

no.52

Cable & Aran

no.53
임팩트 있는 켈트 무늬를 중앙에, 좌우에는
강렬한 무늬가 돋보이게끔 부드러운 느낌의
작은 케이블과 생명의 나무를 배치했습니다.
기호도→page 125

Cable & Aran

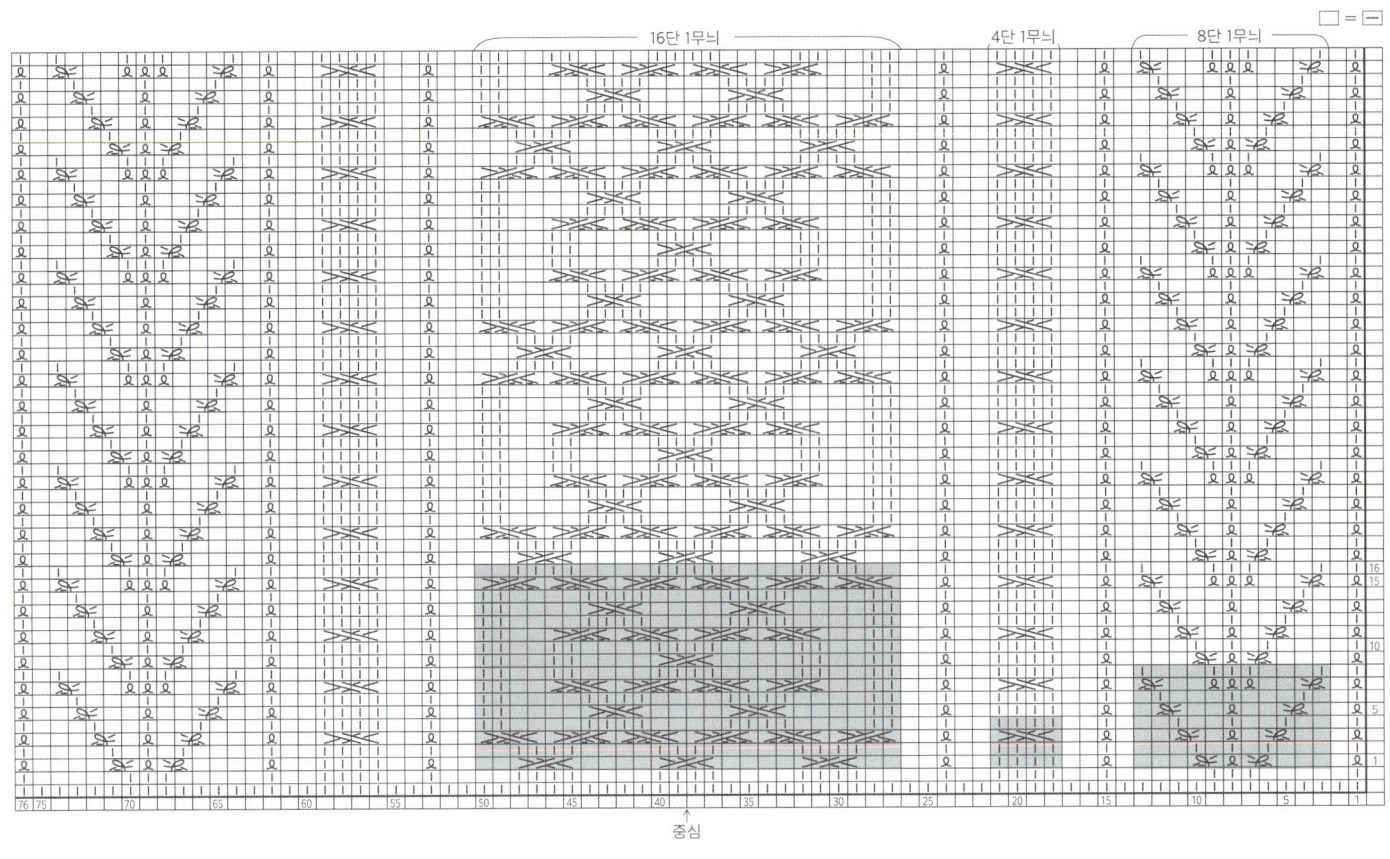

no.54

Cable & Aran

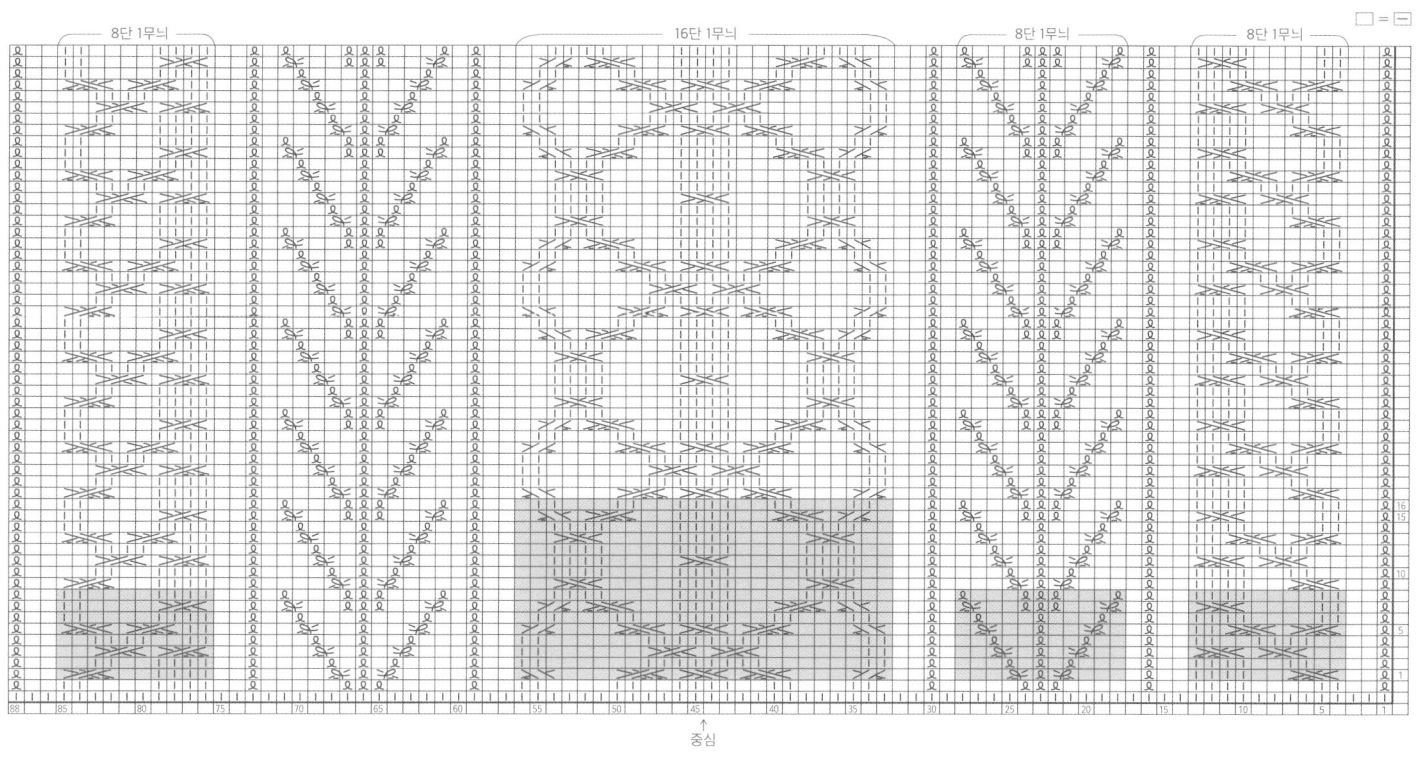

no.55

Rib & Twist
고무뜨기와 돌려뜨기

How to make page 120

Rib & Twist

no.1

no.2

no.3

Rib & Twist

no.4

no.5

no.6

Rib & Twist

no.7

no.8

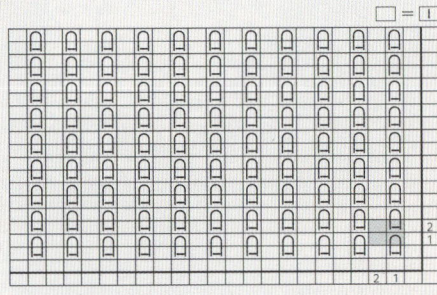

no.9

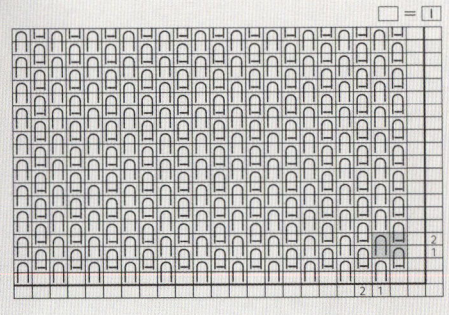

Rib & Twist

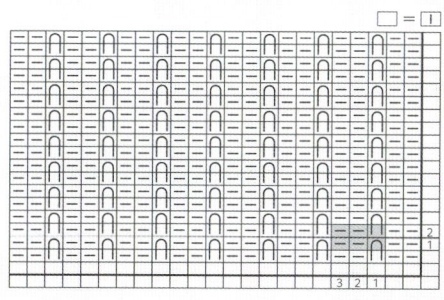

no.10

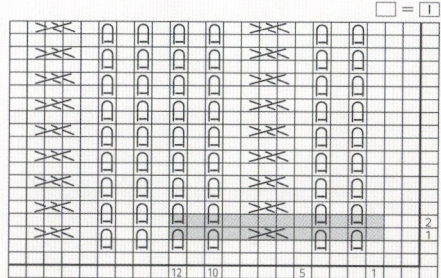

no.11

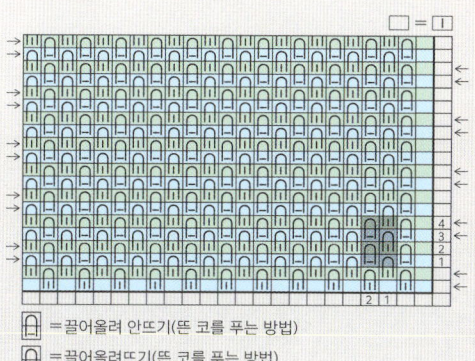

no.12

Rib & Twist

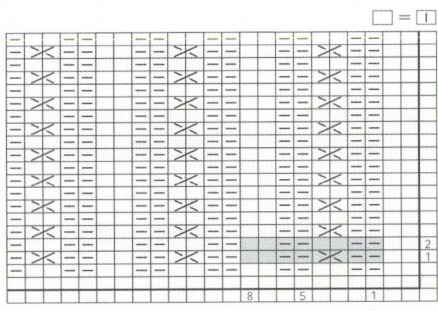

no.13

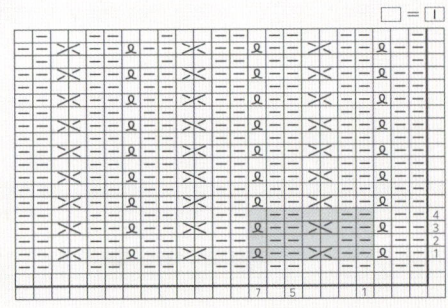

no.14

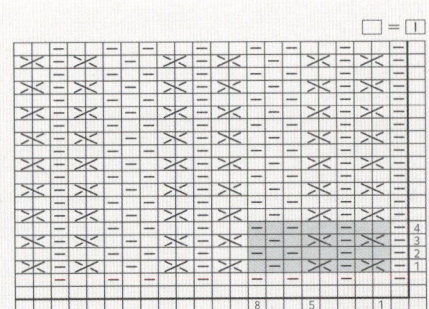

no.15

Rib & Twist

no.16

no.17

no.18

Rib & Twist

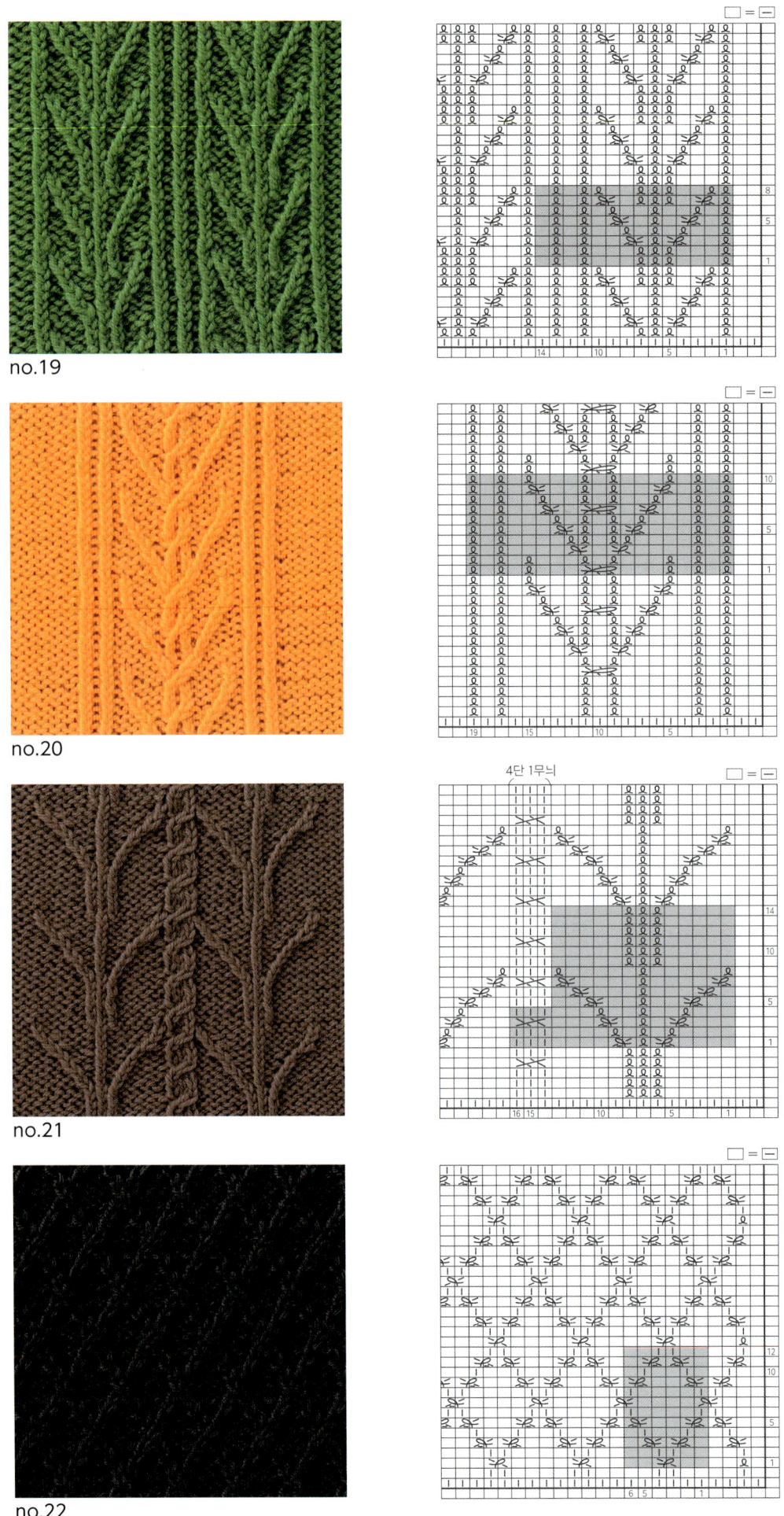

no.19

no.20

no.21

no.22

Rib & Twist

no.23

no.24

Rib & Twist

no.25

no.26

Rib & Twist

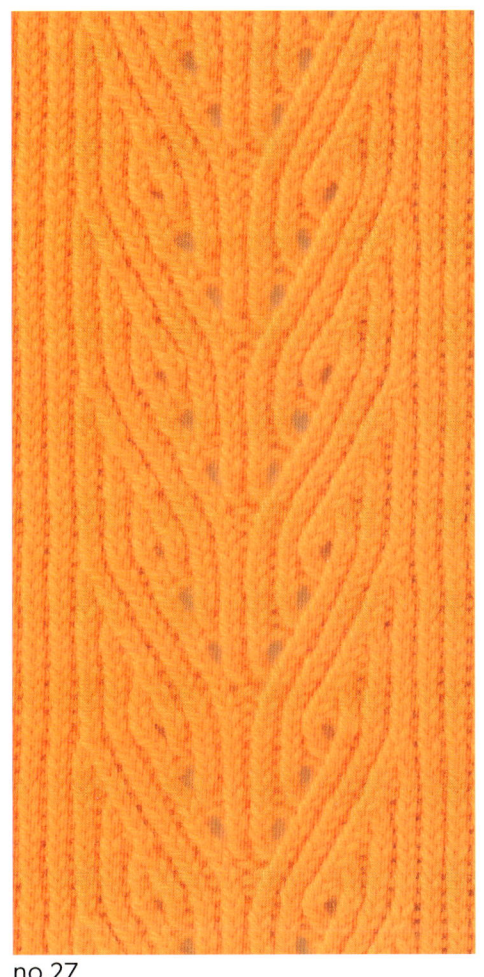

no.27

no.28

※no.27·28 기호도→page 99

Rib & Twist

no.25
page 96

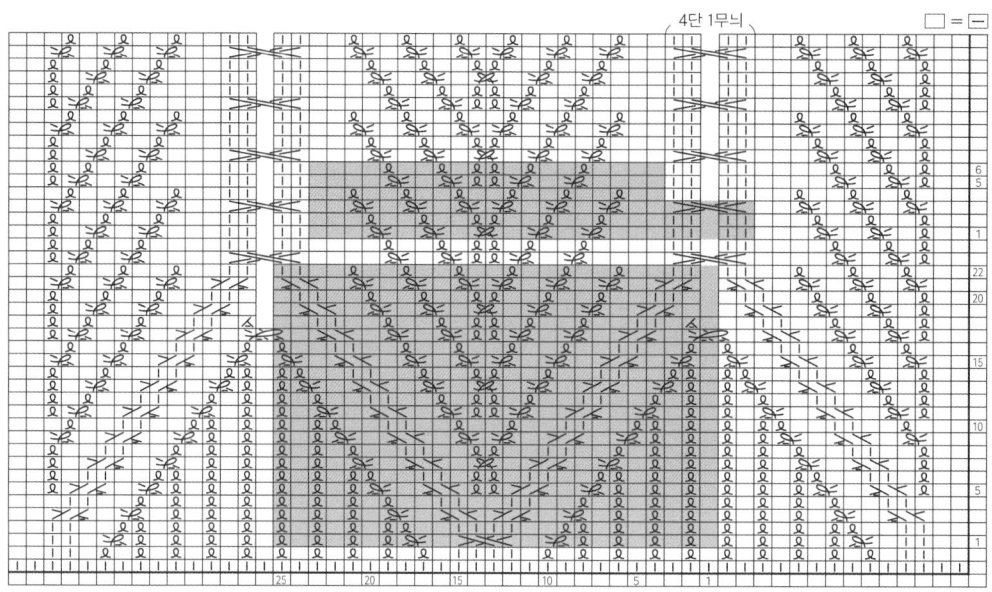

no.26
page 96

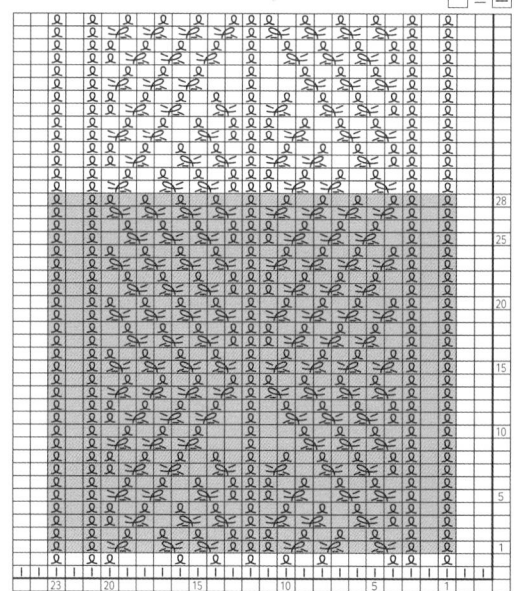

Rib & Twist

no.27
page 97

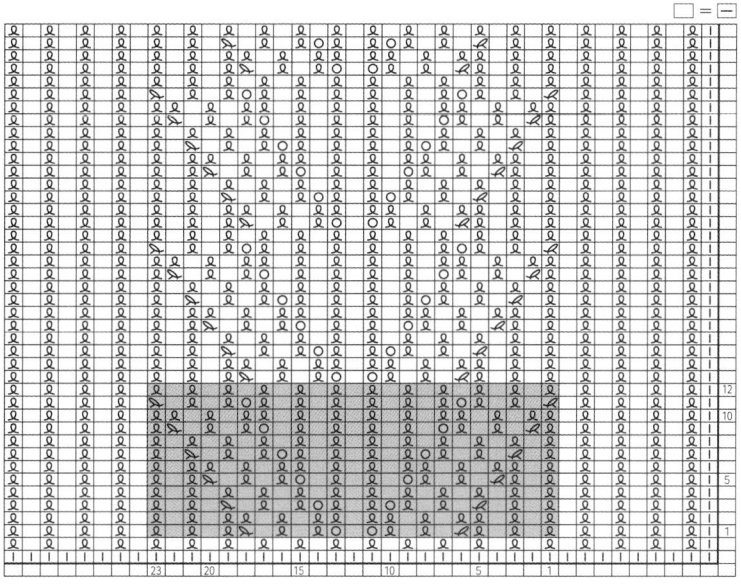

no.28
page 97

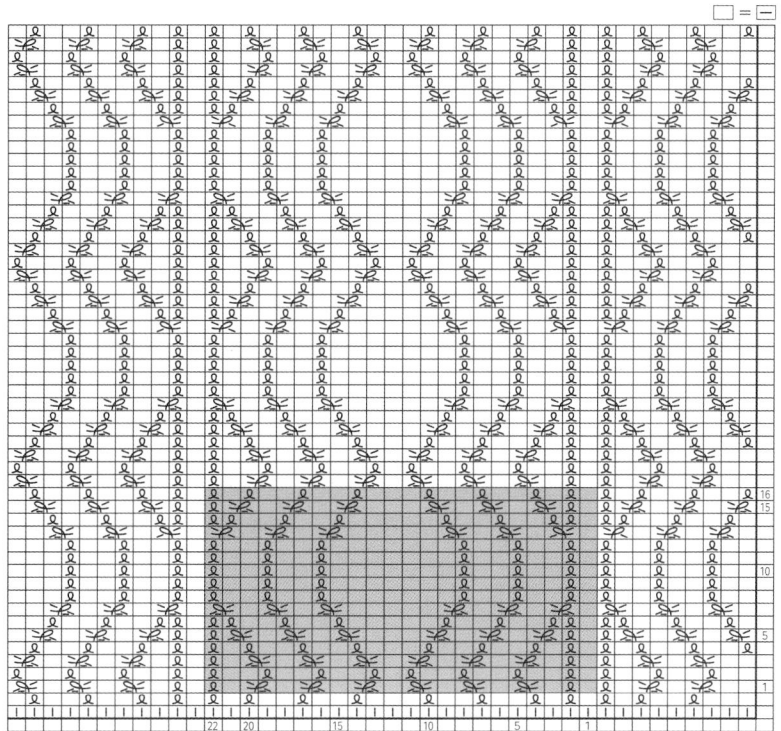

Basic Symbols
대바늘뜨기 기호

Basic Symbols

☐ [겉뜨기]

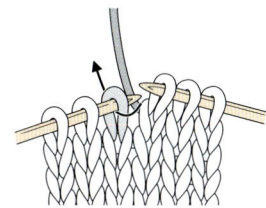

1 실을 뒤에 놓고 화살표와 같이 대바늘을 넣는다.

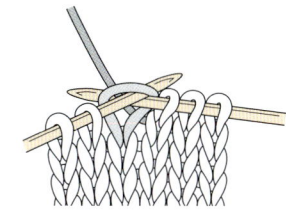

2 대바늘을 넣은 모습.

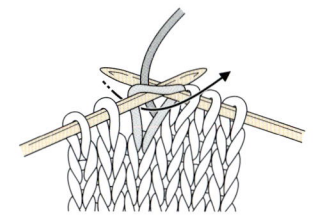

3 대바늘에 실을 걸고 화살표와 같이 빼낸 뒤, 왼쪽 대바늘을 당겨 코를 빼낸다.

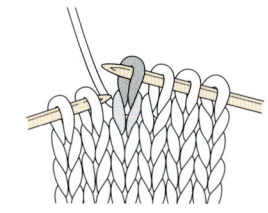

4 겉뜨기 완성.

─ [안뜨기]

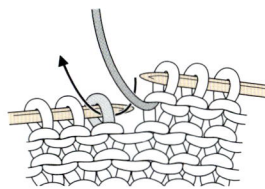

1 실을 앞에 놓고 화살표와 같이 대바늘을 넣는다.

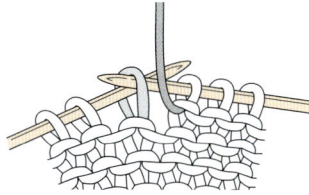

2 대바늘을 넣은 모습.

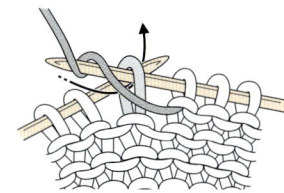

3 대바늘에 실을 걸고 화살표와 같이 빼낸 뒤, 왼쪽 대바늘을 당겨 코를 빼낸다.

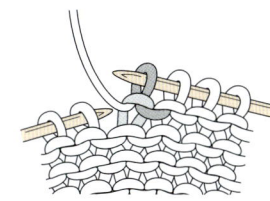

4 안뜨기 완성.

◯ [걸기코]

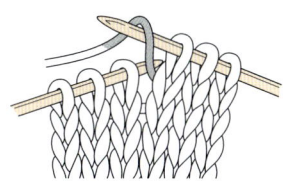

1 대바늘에 앞에서 뒤로 실을 건다.

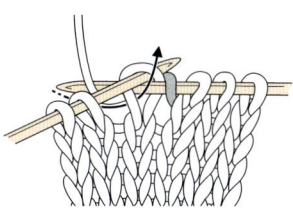

2 다음 코를 겉뜨기로 뜬다.

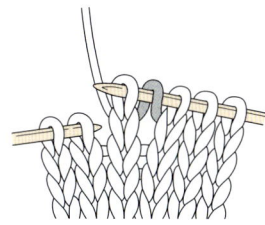

3 걸기코를 완성해 1코 늘어난 모습.

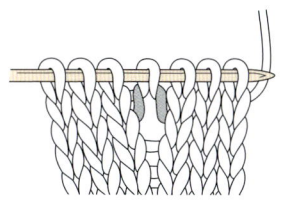

4 1단 더 뜬 뒤 겉에서 본 모습.

ⓠ [돌려뜨기]

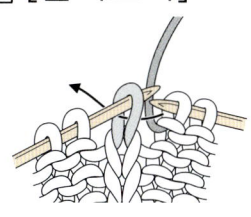

1 화살표와 같이 대바늘을 넣어 코를 꼰다.

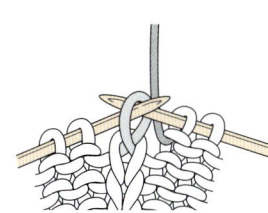

2 대바늘을 넣은 모습.

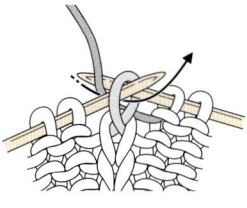

3 대바늘에 실을 걸고 화살표와 같이 빼낸다.

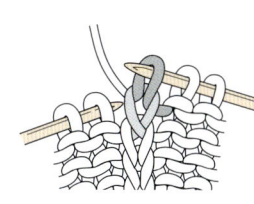

4 돌려뜨기 완성.

ⓠ [돌려 안뜨기]

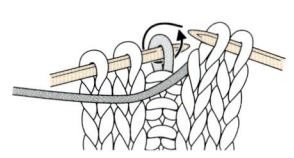

1 실을 앞에 놓고 화살표와 같이 대바늘을 넣어 코를 꼰다.

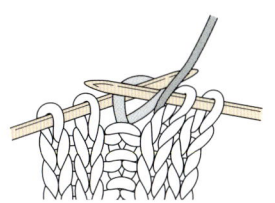

2 대바늘을 넣은 모습.

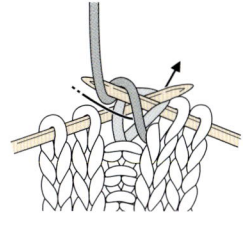

3 대바늘에 실을 걸고 화살표와 같이 빼낸다.

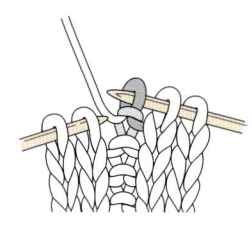

4 돌려 안뜨기 완성.

Basic Symbols

⧄ [오른코 겹쳐 2코 모아뜨기]

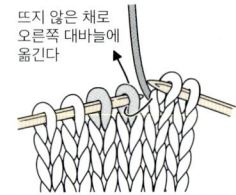
1 오른쪽 코에 화살표와 같이 대바늘을 넣어 뜨지 않은 채로 옮긴다.

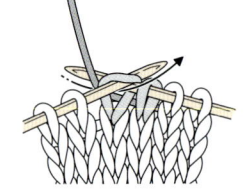
2 왼쪽 코를 겉뜨기로 뜬다.

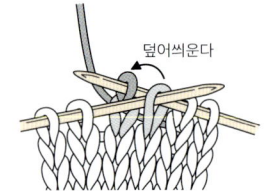
3 옮긴 코를 뜬 코에 덮어씌운다.

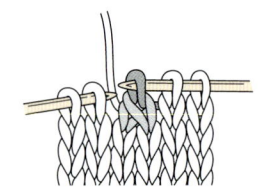
4 오른코 겹쳐 2코 모아뜨기 완성.

⧅ [왼코 겹쳐 2코 모아뜨기]

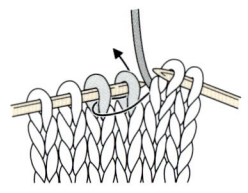
1 2코에 화살표와 같이 대바늘을 한 번에 넣는다.

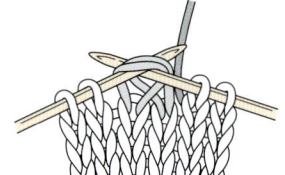
2 2코에 대바늘을 넣은 모습.

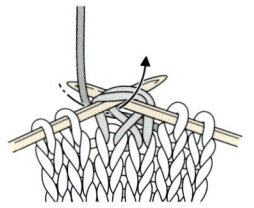
3 대바늘에 실을 걸고 화살표와 같이 빼낸다.

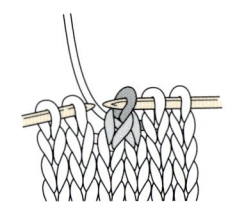
4 왼코 겹쳐 2코 모아뜨기 완성.

⧄ [오른코 겹쳐 2코 모아 안뜨기]

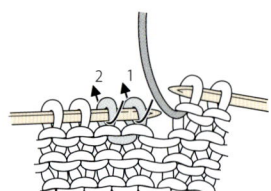
1 화살표와 같이 대바늘을 넣어 코를 오른쪽 대바늘에 옮긴다.

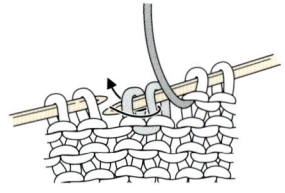
2 화살표와 같이 대바늘을 넣어 코를 왼쪽 대바늘에 되돌려놓는다.

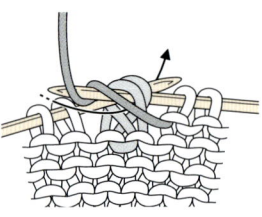
3 되돌려놓은 2코에 대바늘을 넣고 한꺼번에 안뜨기로 뜬다.

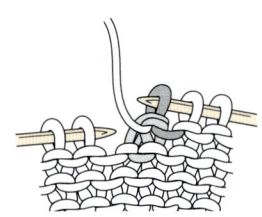
4 오른코 겹쳐 2코 모아 안뜨기 완성.

⧅ [왼코 겹쳐 2코 모아 안뜨기]

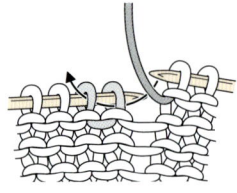
1 2코에 화살표와 같이 대바늘을 한 번에 넣는다.

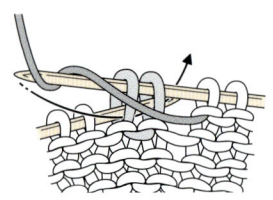
2 대바늘에 실을 걸고 2코를 한꺼번에 안뜨기로 뜬다.

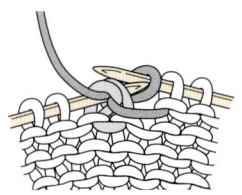
3 왼쪽 대바늘을 당겨 코를 뺀다.

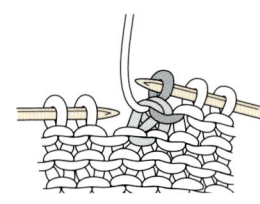
4 왼코 겹쳐 2코 모아 안뜨기 완성.

⧊ [중심 3코 모아뜨기]

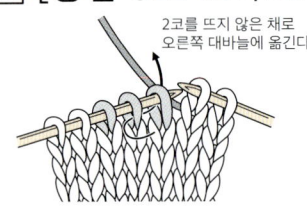
1 오른쪽 2코에 화살표와 같이 대바늘을 넣어 뜨지 않은 채로 옮긴다.

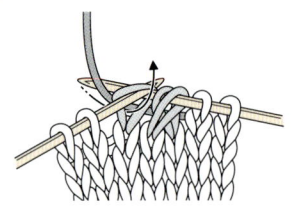
2 3번째 코를 겉뜨기로 뜬다.

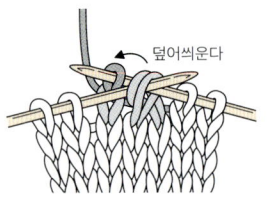
3 옮긴 코들을 3번째 코에 덮어씌운다.

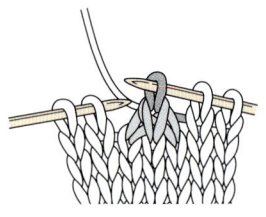
4 중심 3코 모아뜨기 완성.

Basic Symbols

⊼ [오른코 겹쳐 3코 모아뜨기]

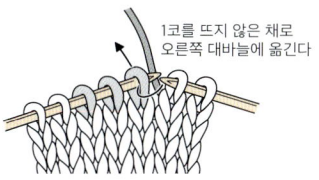 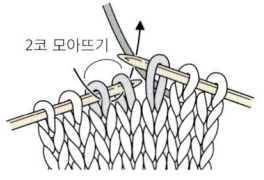 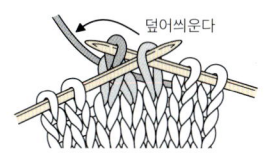 

1. 1번째 코에 화살표와 같이 대바늘을 넣어 뜨지 않은 채로 옮긴다.
2. 다음 2코에 화살표와 같이 대바늘을 넣고 2코를 한꺼번에 겉뜨기로 뜬다.
3. 옮긴 코를 뜬 코에 덮어씌운다.
4. 오른코 겹쳐 3코 모아뜨기 완성.

⊼ [왼코 겹쳐 3코 모아뜨기]

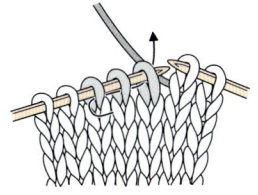 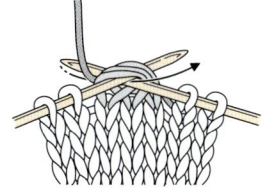 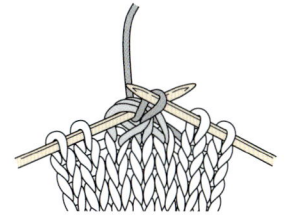 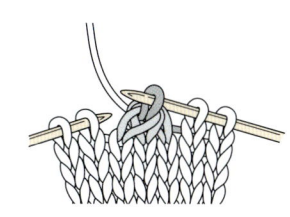

1. 3코에 화살표와 같이 대바늘을 한 번에 넣는다.
2. 3코를 한꺼번에 겉뜨기로 뜬다.
3. 왼쪽 대바늘을 당겨 코를 뺀다.
4. 왼코 겹쳐 3코 모아뜨기 완성.

⊼ [오른코 겹쳐 3코 모아 안뜨기]

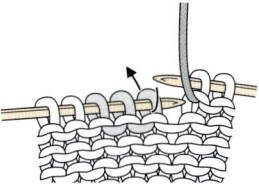 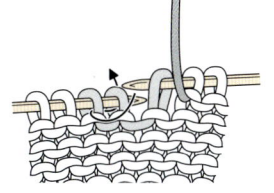 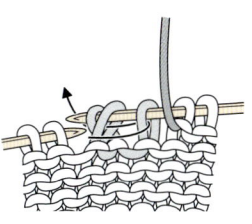 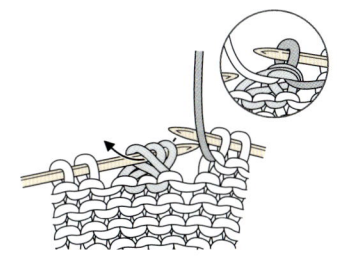

1. 1번째 코에 화살표와 같이 대바늘을 넣어 뜨지 않은 채로 오른쪽 대바늘에 옮긴다.
2. 다음 2코에 화살표와 같이 대바늘을 넣어 뜨지 않은 채로 오른쪽 대바늘에 옮긴다.
3. 화살표와 같이 대바늘을 넣어 3코를 왼쪽 대바늘에 되돌려 놓는다.
4. 화살표와 같이 대바늘을 넣고 3코를 한꺼번에 안뜨기로 뜬다. 오른코 겹쳐 3코 모아 안뜨기 완성.

⊼ [왼코 겹쳐 3코 모아 안뜨기]

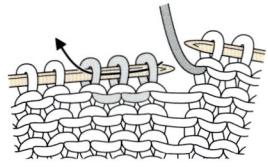 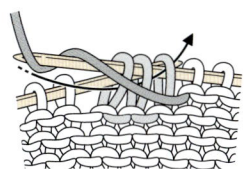 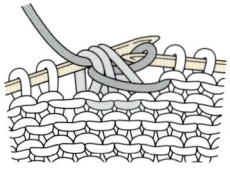 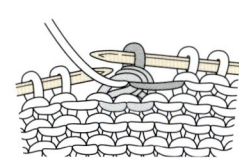

1. 3코에 화살표와 같이 대바늘을 한 번에 넣는다.
2. 대바늘에 실을 걸고 3코를 한꺼번에 안뜨기로 뜬다.
3. 왼쪽 대바늘을 당겨 코를 뺀다.
4. 왼코 겹쳐 3코 모아 안뜨기 완성.

⊼ [왼코 겹쳐 4코 모아뜨기]

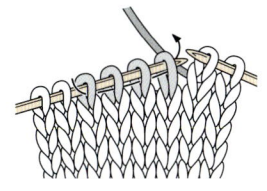 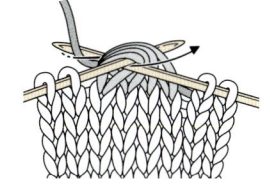 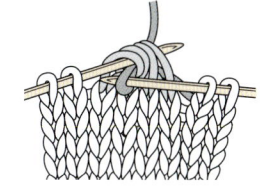 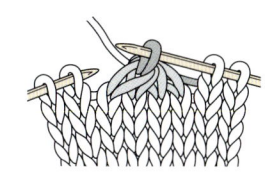

1. 4코에 화살표와 같이 대바늘을 한 번에 넣는다.
2. 대바늘에 실을 걸고 빼내 4코를 한꺼번에 겉뜨기로 뜬다.
3. 왼쪽 대바늘을 당겨 코를 뺀다.
4. 왼코 겹쳐 4코 모아뜨기 완성.

Basic Symbols

☒ [오른코 겹쳐 4코 모아뜨기]

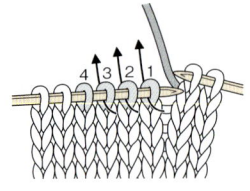 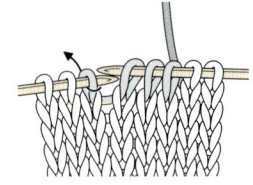 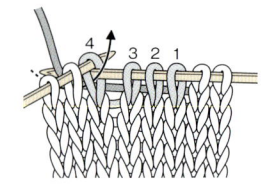 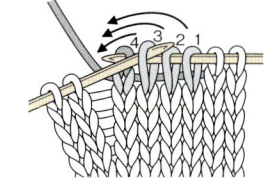

1 3코에 화살표와 같이 대바늘을 넣어 오른쪽 대바늘에 옮긴다.
2 4번째 코에 대바늘을 넣고
3 겉뜨기로 뜬다.
4 오른쪽 3코를 왼쪽 대바늘로 1코씩 덮어씌운다.

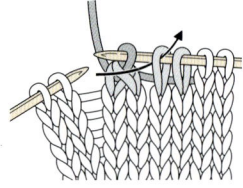 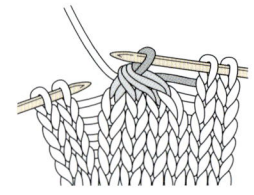

5 3의 코를 덮어씌운 모습. 2, 1의 코도 덮어씌운다.
6 오른코 겹쳐 4코 모아뜨기 완성.

☒ [돌려 오른코 겹쳐 2코 모아뜨기]

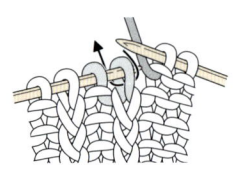 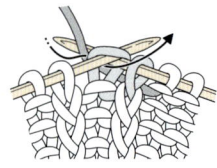 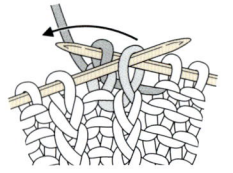 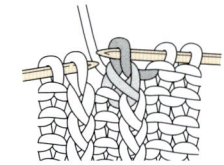

1 화살표와 같이 대바늘을 넣어 코를 꼬아서 뜨지 않은 채로 옮긴다.
2 다음 코를 겉뜨기로 뜬다.
3 옮긴 코를 뜬 코에 덮어씌운다.
4 돌려 오른코 겹쳐 2코 모아뜨기 완성.

☒ [돌려 왼코 겹쳐 2코 모아뜨기]

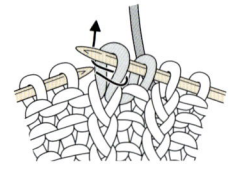 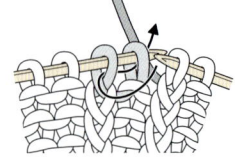 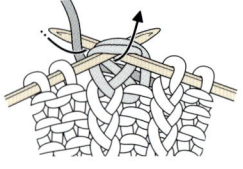 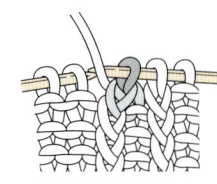

1 2코를 뜨지 않은 채로 오른쪽 대바늘에 옮긴다. 2번째 코에 화살표와 같이 왼쪽 대바늘을 넣어 되돌려놓는다.
2 1번째 코는 그대로 되돌려놓고, 화살표와 같이 대바늘을 넣는다.
3 2코를 한꺼번에 겉뜨기로 뜬다.
4 돌려 왼코 겹쳐 2코 모아뜨기 완성.

☒ [돌려 오른코 겹쳐 3코 모아뜨기]

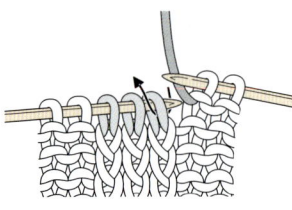 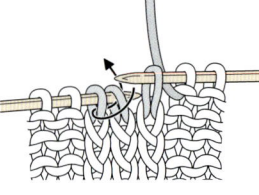 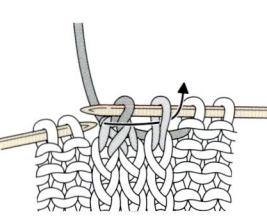 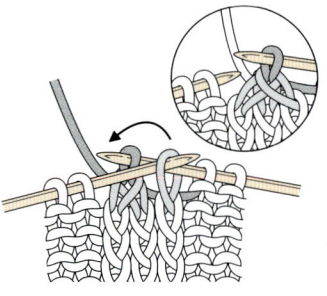

1 오른쪽 코에 화살표와 같이 대바늘을 넣어 뜨지 않은 채로 옮긴다.
2 화살표와 같이 대바늘을 넣고 2코를 한꺼번에 겉뜨기로 뜬다.
3 옮긴 코에 화살표와 같이 왼쪽 대바늘을 넣고
4 뜬 코에 덮어씌운다. 돌려 오른코 겹쳐 3코 모아뜨기 완성.

Basic Symbols

[오른코 늘려뜨기]

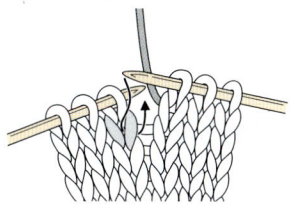 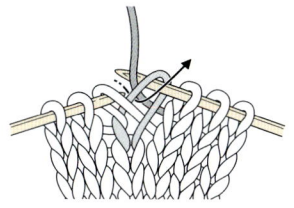 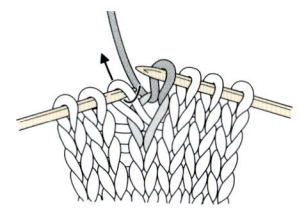 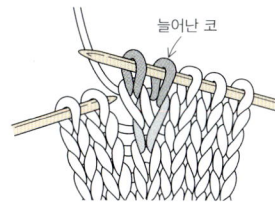

1 늘릴 코의 2단 아래에 화살표와 같이 대바늘을 넣고
2 끌어올려 겉뜨기로 뜬다.
3 왼쪽 대바늘의 코에 화살표와 같이 대바늘을 넣고 겉뜨기로 뜬다.
4 오른코 늘려뜨기 완성.

[왼코 늘려뜨기]

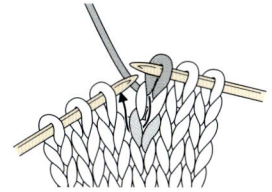 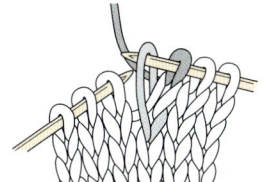 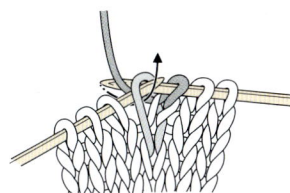 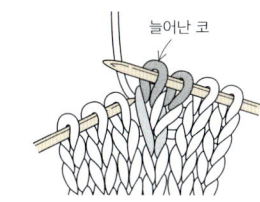

1 겉뜨기를 뜬 뒤, 2단 아래의 코에 화살표와 같이 대바늘을 넣고
2 끌어올린다.
3 코의 방향은 그대로 해서 왼쪽 대바늘에 되돌려놓고 겉뜨기로 뜬다.
4 왼코 늘려뜨기 완성.

[오른코 늘려 안뜨기]

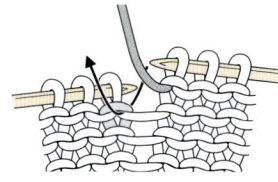 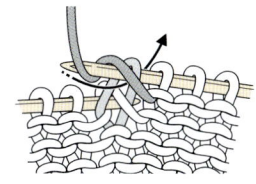 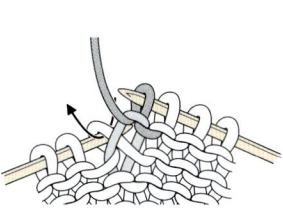 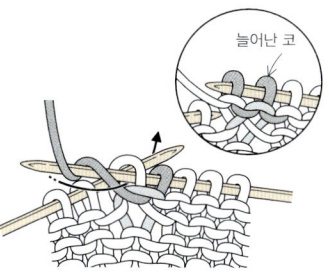

1 실을 앞에 놓은 뒤, 늘릴 코의 2단 아래에 화살표와 같이 대바늘을 넣고
2 끌어올려 안뜨기로 뜬다.
3 왼쪽 대바늘의 코에 화살표와 같이 대바늘을 넣고
4 안뜨기로 뜬다. 오른코 늘려 안뜨기 완성.

[왼코 늘려 안뜨기]

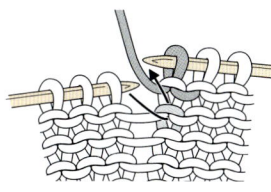 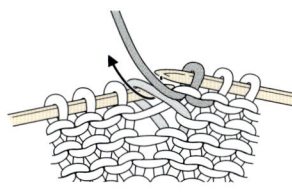 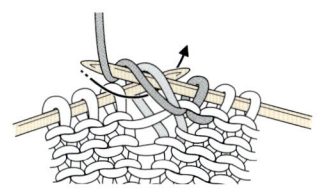 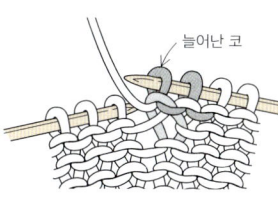

1 안뜨기를 뜬 뒤, 2단 아래의 코에 화살표와 같이 왼쪽 대바늘을 넣는다.
2 끌어올린 뒤 화살표와 같이 오른쪽 대바늘을 넣는다.
3 안뜨기로 뜬다.
4 왼코 늘려 안뜨기 완성.

[돌려뜨기 늘림코]

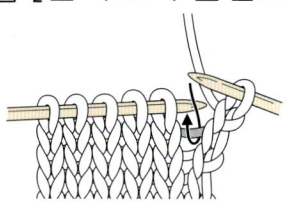 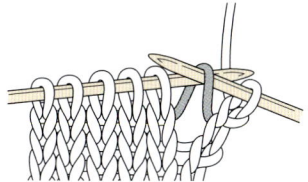 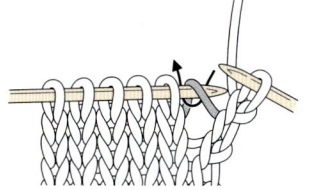 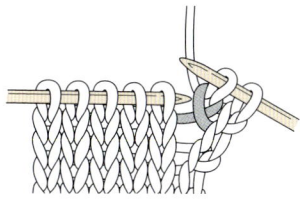

1 화살표와 같이 오른쪽 대바늘을 넣는다.
2 오른쪽 대바늘로 끌어올린 고리를 왼쪽 대바늘에 옮긴다.
3 화살표와 같이 오른쪽 대바늘을 넣은 뒤, 대바늘에 실을 걸고 빼낸다.
4 돌려뜨기 늘림코 완성.

Basic Symbols

⌵ = [3코 만들기]

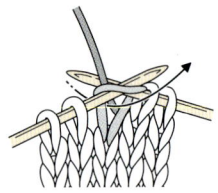
1 코에 대바늘을 넣은 뒤, 실을 걸고 빼낸다.

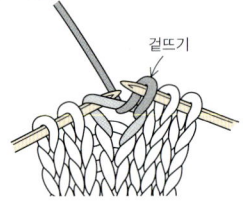
2 왼쪽 대바늘에서 코를 빼지 않은 채로

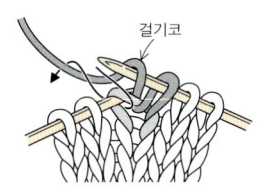
3 걸기코를 하고, 화살표와 같이 대바늘을 넣는다.

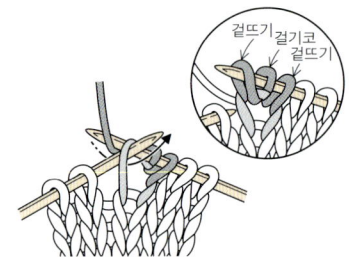
4 실을 걸고 빼낸다. 3코 만들기 완성.

[오른코 교차뜨기]

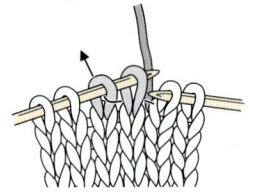
1 왼쪽 코에 화살표와 같이 대바늘을 넣는다.

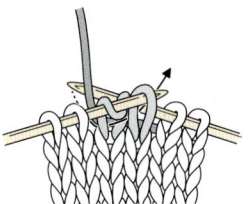
2 대바늘에 실을 걸고 빼내 겉뜨기로 뜬다.

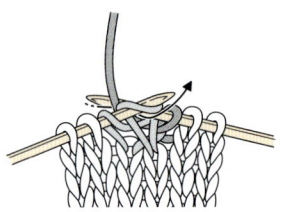
3 뜬 코는 그대로 둔 채로 오른쪽 코에 대바늘을 넣고 겉뜨기로 뜬다.

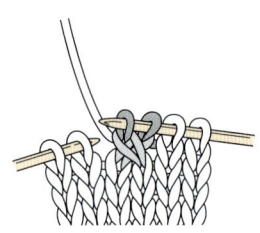
4 오른코 교차뜨기 완성.

[왼코 교차뜨기]

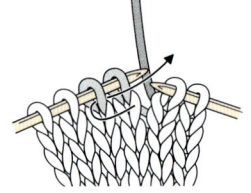
1 왼쪽 코에 화살표와 같이 대바늘을 넣는다.

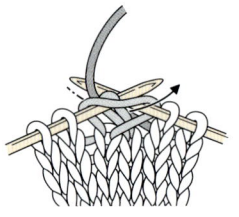
2 대바늘에 실을 걸고 빼내 겉뜨기로 뜬다.

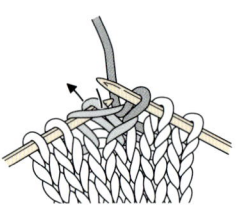
3 뜬 코는 그대로 둔 채로 오른쪽 코에 대바늘을 넣고 겉뜨기로 뜬다.

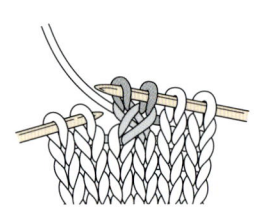
4 왼코 교차뜨기 완성.

[오른코 교차뜨기(아래쪽 안뜨기)]

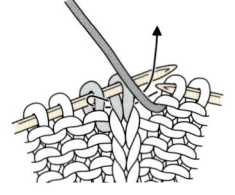
1 왼쪽 코에 화살표와 같이 대바늘을 넣어 코를 빼낸다.

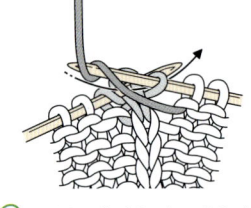
2 대바늘에 실을 걸고 빼내 안뜨기로 뜬다.

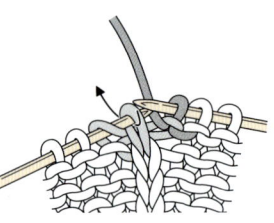
3 뜬 코는 그대로 둔 채로 오른쪽 코에 대바늘을 넣고 겉뜨기로 뜬다.

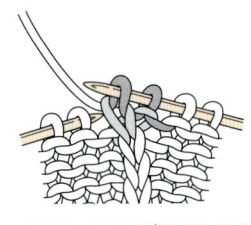
4 오른코 교차뜨기(아래쪽 안뜨기) 완성.

[왼코 교차뜨기(아래쪽 안뜨기)]

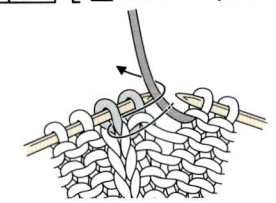
1 왼쪽 코에 화살표와 같이 대바늘을 넣어 코를 빼낸다.

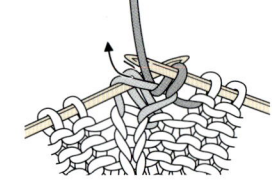
2 겉뜨기로 뜬 뒤, 뜬 코는 그대로 둔 채로 화살표와 같이 대바늘을 넣는다.

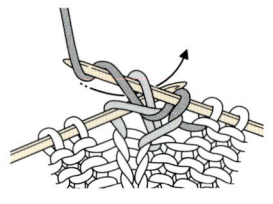
3 대바늘에 실을 걸고 빼내 안뜨기로 뜬다.

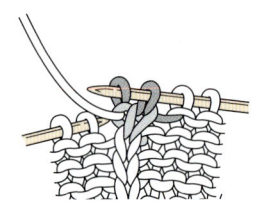
4 왼코 교차뜨기(아래쪽 안뜨기) 완성.

Basic Symbols

[오른코 위 돌려 교차뜨기]

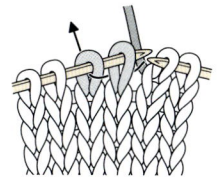
1 왼쪽 코에 화살표와 같이 대바늘을 넣는다.

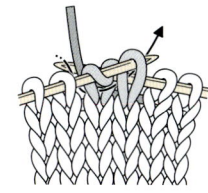
2 대바늘에 실을 걸고 빼내 겉뜨기로 뜬다.

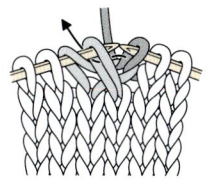
3 뜬 코는 그대로 둔 채로 오른쪽 코에 화살표와 같이 대바늘을 넣어 코를 꼬아서 겉뜨기로 뜬다.

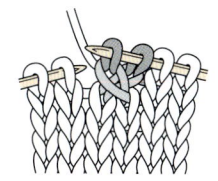
4 오른코 위 돌려 교차뜨기 완성.

[왼코 위 돌려 교차뜨기]

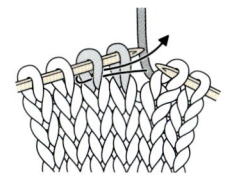
1 왼쪽 코에 화살표와 같이 대바늘을 넣어 코를 꼬아서 빼낸다.

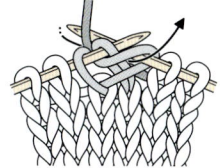
2 대바늘에 실을 걸고 빼내 겉뜨기로 뜬다.

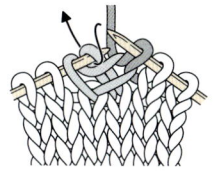
3 뜬 코는 그대로 둔 채로 오른쪽 코에 화살표와 같이 대바늘을 넣고 겉뜨기로 뜬다.

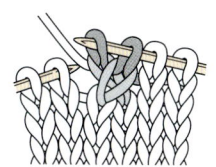
4 왼코 위 돌려 교차뜨기 완성.

[오른코 위 돌려 교차뜨기(양쪽 코)]

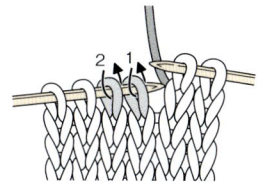
1 1, 2의 순서대로 대바늘을 넣어 코를 오른쪽 대바늘에 옮긴다.

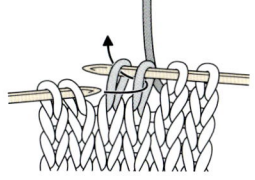
2 화살표와 같이 왼쪽 대바늘을 넣어 코를 되돌려놓는다.

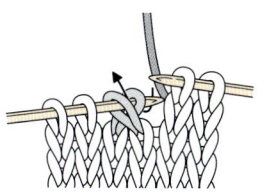
3 오른쪽 코에 화살표와 같이 대바늘을 넣어 코를 꼬아서

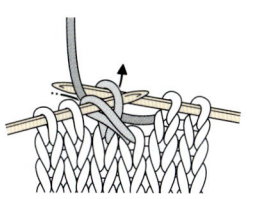
4 겉뜨기로 뜬다.

[왼코 위 돌려 교차뜨기(양쪽 코)]

5 뜬 코는 그대로 둔 채로 왼쪽 코에 화살표와 같이 대바늘을 넣어 코를 꼬아서 겉뜨기로 뜬다.

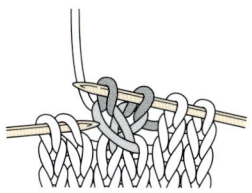
6 오른코 위 돌려 교차뜨기(양쪽 코) 완성.

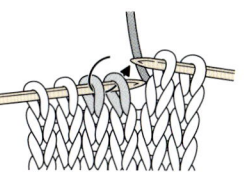
1 2코에 화살표와 같이 대바늘을 넣어 코를 오른쪽 대바늘에 옮긴다.

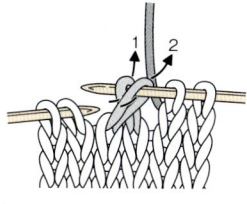
2 1, 2의 순서대로 코를 왼쪽 대바늘에 되돌려놓는다.

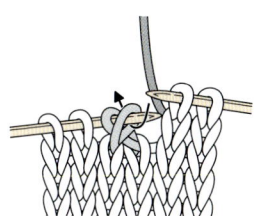
3 오른쪽 코에 화살표와 같이 대바늘을 넣고

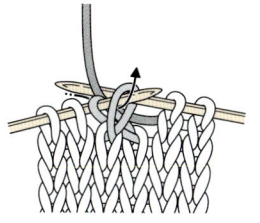
4 겉뜨기로 뜬다.

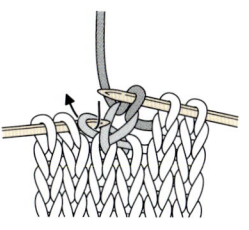
5 왼쪽 코에 화살표와 같이 대바늘을 넣고 겉뜨기로 뜬다.

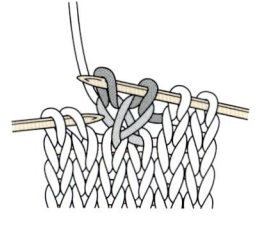
6 왼코 위 돌려 교차뜨기(양쪽 코) 완성.

Basic Symbols

[오른코 위 돌려 교차뜨기(아래쪽 안뜨기)]

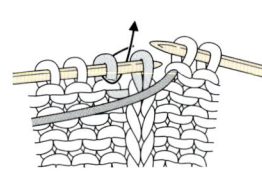
1 왼쪽 코에 화살표와 같이 대바늘을 넣는다.

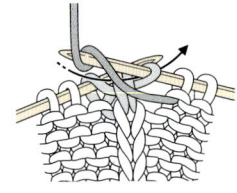
2 오른쪽 코의 오른쪽까지 빼낸 뒤, 대바늘에 실을 걸고 안뜨기로 뜬다.

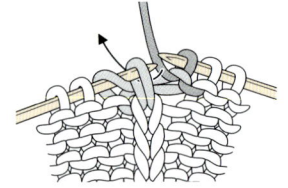
3 뜬 코는 그대로 둔 채로 오른쪽 코에 화살표와 같이 대바늘을 넣어 코를 꼬아서 겉뜨기로 뜬다.

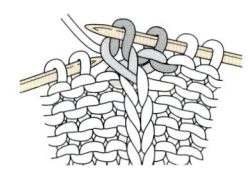
4 오른코 위 돌려 교차뜨기(아래쪽 안뜨기) 완성.

[왼코 위 돌려 교차뜨기(아래쪽 안뜨기)]

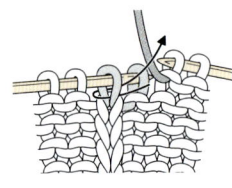
1 왼쪽 코에 화살표와 같이 대바늘을 넣어 코를 꼰다.

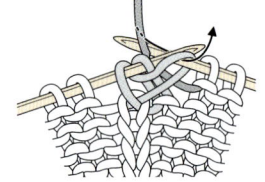
2 오른쪽 코의 오른쪽까지 빼낸 뒤, 대바늘에 실을 걸고 겉뜨기로 뜬다.

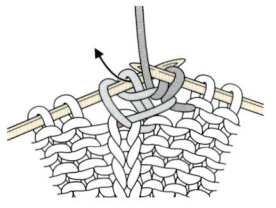
3 뜬 코는 그대로 둔 채로 오른쪽 코에 화살표와 같이 대바늘을 넣고 안뜨기로 뜬다.

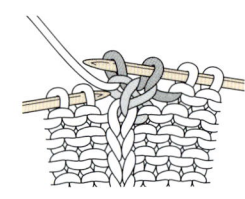
4 왼코 위 돌려 교차뜨기(아래쪽 안뜨기) 완성.

[오른코 위 걸러 교차뜨기]

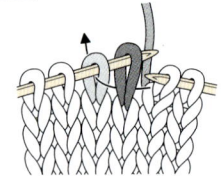
1 왼쪽 코에 화살표와 같이 대바늘을 넣는다.

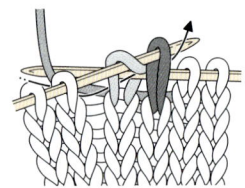
2 겉뜨기로 뜬다.

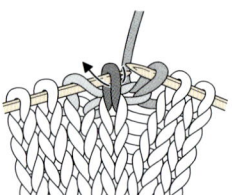
3 뜬 코는 그대로 둔 채로 오른쪽 코에 화살표와 같이 대바늘을 넣는다.

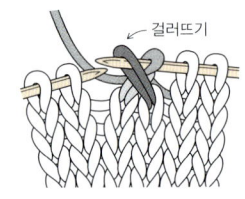
4 뜨지 않은 채로 옮긴다. 오른코 위 걸러 교차뜨기 완성.

[왼코 위 걸러 교차뜨기]

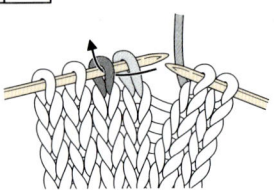
1 왼쪽 코에 화살표와 같이 대바늘을 넣는다.

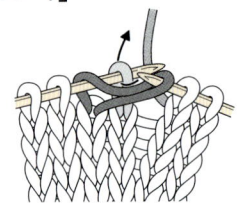
2 오른쪽으로 빼낸 뒤 그대로 오른쪽 코에 대바늘을 넣는다.

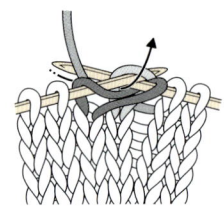
3 겉뜨기로 뜬다.

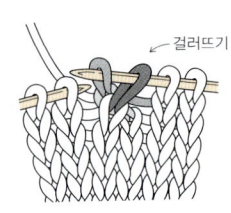
4 왼쪽 코에서 대바늘을 뺀다. 왼코 위 걸러 교차뜨기 완성.

[왼코 위 1코와 2코 교차뜨기]

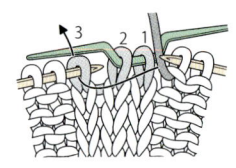
1 오른쪽 2코를 꽈배기바늘로 옮겨 뒤에 놓는다. 3의 코에 대바늘을 넣고 겉뜨기로 뜬다.

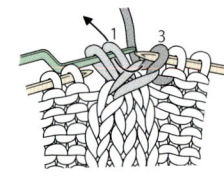
2 1의 코에 화살표와 같이 대바늘을 넣고 겉뜨기로 뜬다.

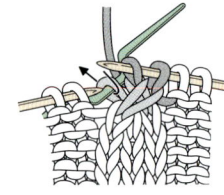
3 다음 코도 겉뜨기로 뜬다.

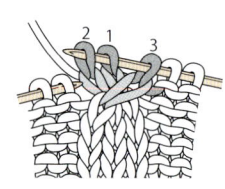
4 왼코 위 1코와 2코 교차뜨기 완성.

Basic Symbols

[오른코 위 2코와 1코 교차뜨기]

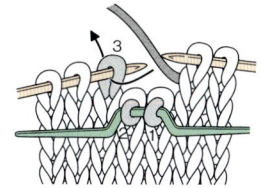 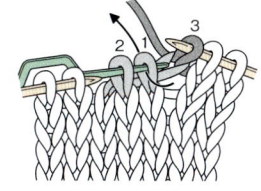 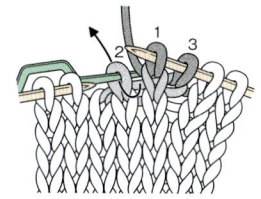 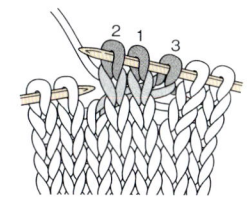

1 오른쪽 2코를 꽈배기바늘로 옮겨 앞에 놓는다. 3의 코에 대바늘을 넣고 겉뜨기로 뜬다.

2 1의 코에 화살표와 같이 대바늘을 넣고 겉뜨기로 뜬다.

3 2의 코도 겉뜨기로 뜬다.

4 오른코 위 2코와 1코 교차뜨기 완성.

[왼코 위 2코와 1코 교차뜨기]

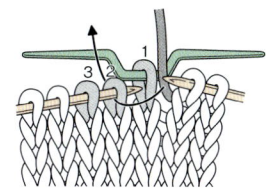 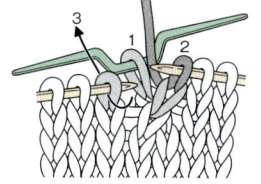 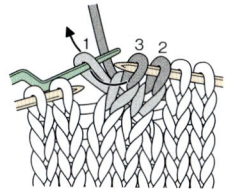 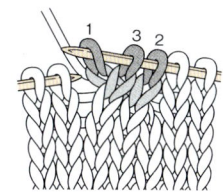

1 오른쪽 1코를 꽈배기바늘로 옮겨 뒤에 놓는다. 2의 코에 대바늘을 넣고 겉뜨기로 뜬다.

2 3의 코도 겉뜨기로 뜬다.

3 1의 코에 화살표와 같이 대바늘을 넣고 겉뜨기로 뜬다.

4 왼코 위 2코와 1코 교차뜨기 완성.

[오른코 위 2코와 1코 교차뜨기(아래쪽 안뜨기)]

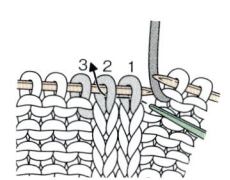 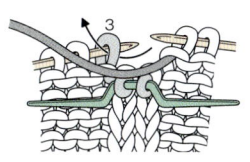 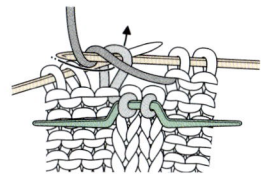 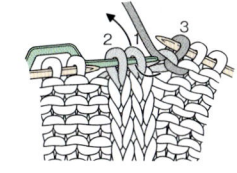

1 오른쪽 2코를 꽈배기바늘로 옮겨 앞에 놓는다.

2 3의 코에 화살표와 같이 대바늘을 넣고

3 안뜨기로 뜬다.

4 1의 코에 화살표와 같이 대바늘을 넣고

[왼코 위 2코와 1코 교차뜨기 (아래쪽 안뜨기)]

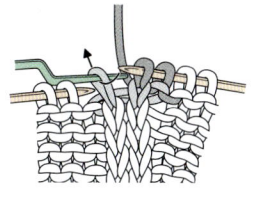 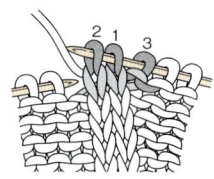 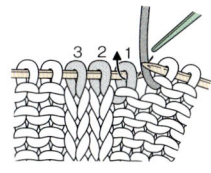 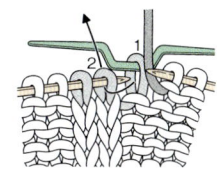

5 겉뜨기로 뜬다. 2의 코도 겉뜨기로 뜬다.

6 오른코 위 2코와 1코 교차뜨기 (아래쪽 안뜨기) 완성.

1 오른쪽 1코를 꽈배기바늘로 옮겨 뒤에 놓는다.

2 2의 코에 대바늘을 넣고 겉뜨기로 뜬다.

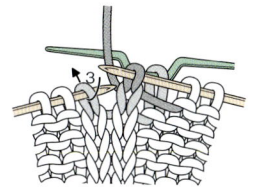 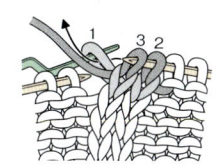 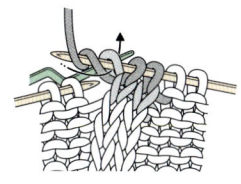 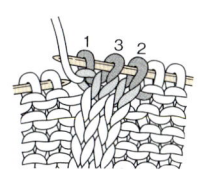

3 3의 코도 겉뜨기로 뜬다.

4 1의 코에 화살표와 같이 대바늘을 넣고

5 안뜨기로 뜬다.

6 왼코 위 2코와 1코 교차뜨기 (아래쪽 안뜨기) 완성.

Basic Symbols

[오른코 위 2코 교차뜨기]

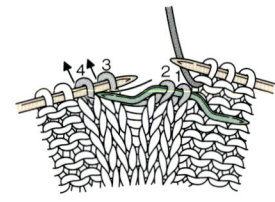 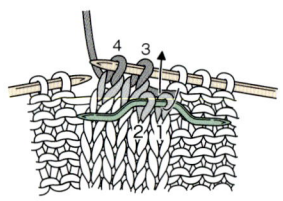 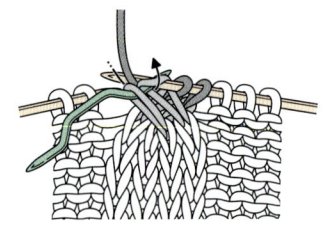 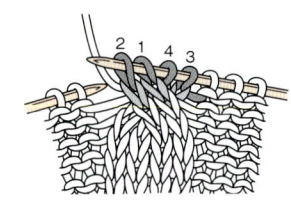

1 오른쪽 2코를 꽈배기바늘로 옮겨 앞에 놓는다. 3, 4의 코를 겉뜨기로 뜬다.
2 1의 코에 화살표와 같이 대바늘을 넣고
3 겉뜨기로 뜬다.
4 2의 코도 겉뜨기로 뜬다. 오른코 위 2코 교차뜨기 완성.

[왼코 위 2코 교차뜨기]

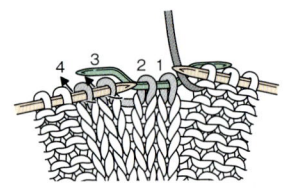 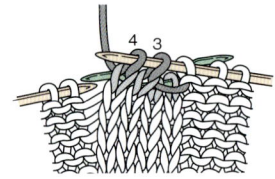 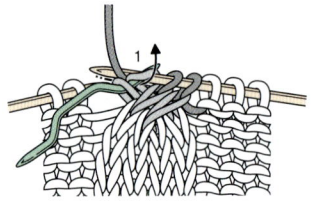 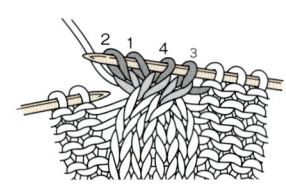

1 오른쪽 2코를 꽈배기바늘로 옮겨 뒤에 놓는다. 3, 4의 코에 화살표와 같이 대바늘을 넣고
2 각각 겉뜨기로 뜬다.
3 1의 코에 대바늘을 넣고 겉뜨기로 뜬다.
4 2의 코도 겉뜨기로 뜬다. 왼코 위 2코 교차뜨기 완성.

[오른코 위 3코 교차뜨기]

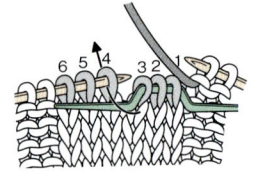 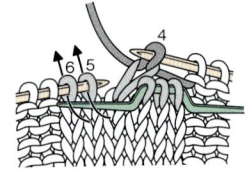 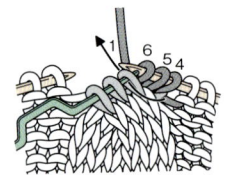 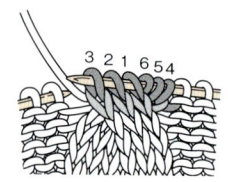

1 오른쪽 3코를 꽈배기바늘로 옮겨 앞에 놓는다. 4의 코에 화살표와 같이 대바늘을 넣고
2 겉뜨기로 뜬다. 5, 6의 코도 겉뜨기로 뜬다.
3 1의 코에 화살표와 같이 대바늘을 넣고 겉뜨기로 뜬다.
4 2, 3의 코도 겉뜨기로 뜬다. 오른코 위 3코 교차뜨기 완성.

[왼코 위 3코 교차뜨기]

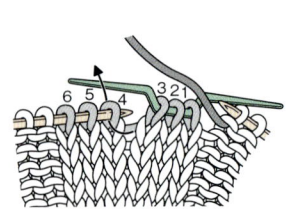 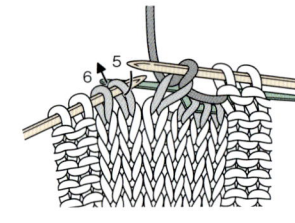 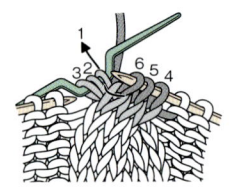 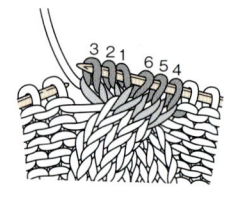

1 오른쪽 3코를 꽈배기바늘로 옮겨 뒤에 놓는다. 4의 코에 화살표와 같이 대바늘을 넣고
2 겉뜨기로 뜬다. 5, 6의 코도 각각 겉뜨기로 뜬다.
3 1의 코에 화살표와 같이 대바늘을 넣고 겉뜨기로 뜬다.
4 2, 3의 코도 겉뜨기로 뜬다. 왼코 위 3코 교차뜨기 완성.

[오른코 위 4코 교차뜨기]

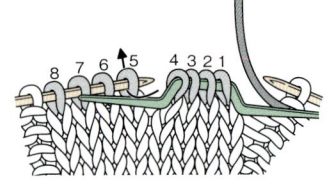 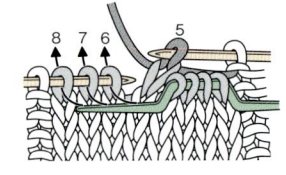 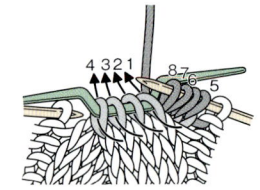 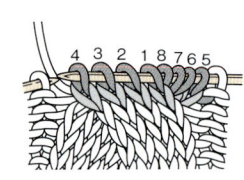

1 오른쪽 4코를 꽈배기바늘로 옮겨 앞에 놓는다. 5의 코에 화살표와 같이 대바늘을 넣고
2 겉뜨기로 뜬다. 6~8의 코도 겉뜨기로 뜬다.
3 1~4의 코를 겉뜨기로 뜬다.
4 오른코 위 4코 교차뜨기 완성.

Basic Symbols

[왼코 위 돌려 2코 교차뜨기]

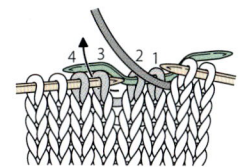
1 오른쪽 2코를 꽈배기바늘로 옮겨 뒤에 놓는다. 3의 코에 화살표와 같이 대바늘을 넣고

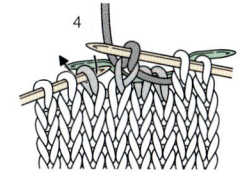
2 꼬면서 겉뜨기로 뜬다. 4의 코도 똑같이 뜬다.

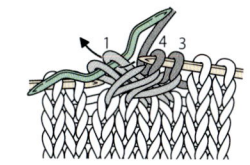
3 꽈배기바늘로 옮긴 1, 2의 코는 꼬지 않고 겉뜨기로 뜬다.

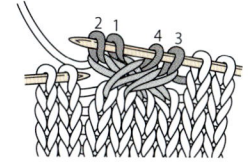
4 왼코 위 돌려 2코 교차뜨기 완성.

[끌어올려뜨기(2단일 때) A]

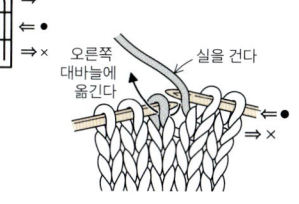
1 실을 앞에 놓은 뒤 코는 뜨지 않은 채로 옮기고, 대바늘에 실을 건다.

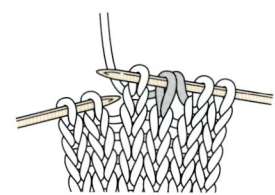
2 다음 코는 겉뜨기로 뜬다.

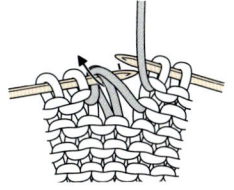
3 다음 단도 실을 앞에 놓고 화살표와 같이 대바늘을 넣는다.

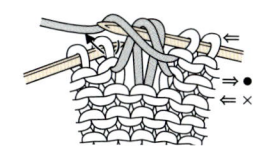
4 코는 뜨지 않은 채로 오른쪽 대바늘에 옮기고, 실을 건다.

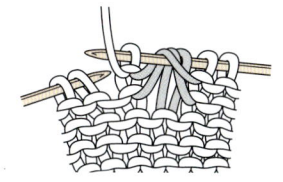
5 다음 코를 안뜨기로 뜬다.

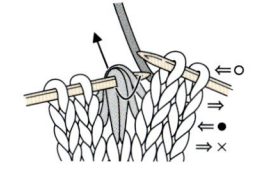
6 다음 단에서 2단을 뜨지 않은 채로 옮긴 코와 걸기코에 대바늘을 한 번에 넣고

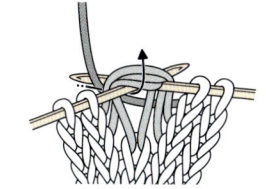
7 겉뜨기로 뜬다.

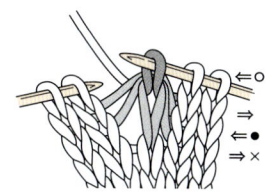
8 끌어올려뜨기(2단일 때) A 완성.

[끌어올려 안뜨기(2단일 때) A]

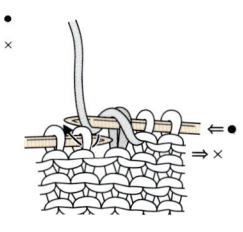
1 실을 앞에 놓고 코는 뜨지 않은 채로 옮긴다. 대바늘에 실을 건 뒤 다음 코에 화살표와 같이 대바늘을 넣고

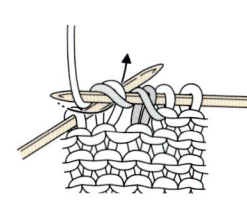
2 안뜨기로 뜬다.

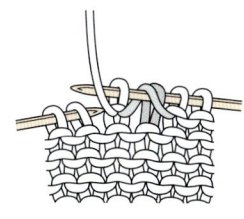
3 ●단을 뜬 모습.

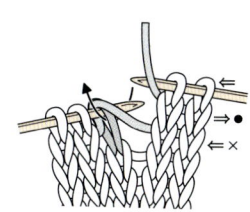
4 다음 단도 실을 앞에 놓고 걸기코와 겉뜨기는 뜨지 않은 채로 오른쪽 대바늘에 옮긴다.

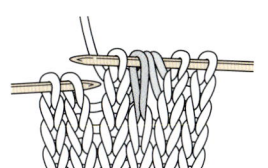
5 다음 코를 겉뜨기로 뜬 모습.

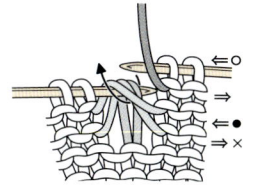
6 다음 단에서 뜨지 않은 채로 옮긴 코와 걸기코에 화살표와 같이 대바늘을 넣고

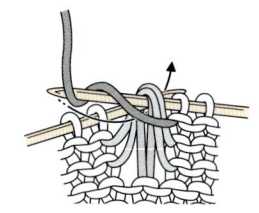
7 안뜨기로 뜬다.

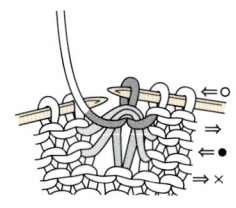
8 끌어올려 안뜨기(2단일 때) A 완성.

Basic Symbols

[끌어올려뜨기(2단일 때) B] 뜬 코를 푸는 방법

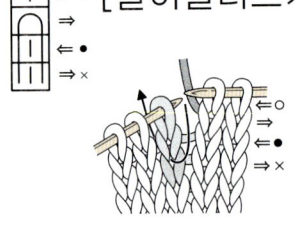

1 3단 아래의 코에 대바늘을 넣고

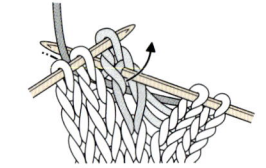

2 실을 걸어 빼낸다.

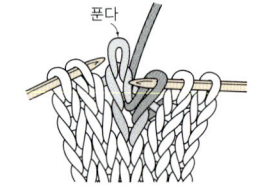

3 뜬 코에서 위쪽 2단의 코를 대바늘에서 빼서 푼다.

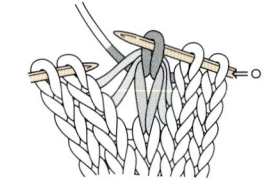

4 끌어올려뜨기(2단일 때) B 완성.

[끌어올려 안뜨기(2단일 때) B] 뜬 코를 푸는 방법

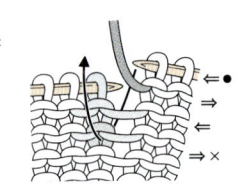

1 실을 앞에 놓고 3단 아래의 코에 화살표와 같이 대바늘을 넣는다.

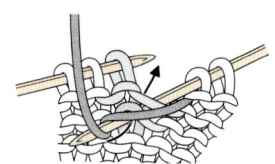

2 실을 걸고 빼낸다.

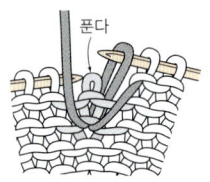

3 빼낸 코의 위쪽 코를 대바늘에서 빼서 푼다.

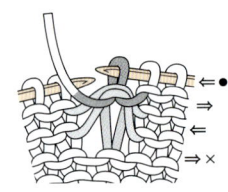

4 끌어올려 안뜨기(2단일 때) B 완성.

[영국 고무뜨기(안뜨기 끌어올려뜨기)]

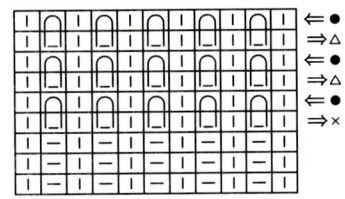

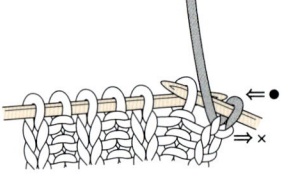

1 안뜨기는 뜨지 않은 채로 옮기고

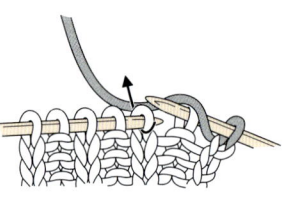

2 대바늘에 실을 건다. 다음 코에 대바늘을 넣고

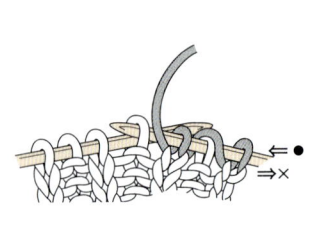

3 겉뜨기로 뜬다.

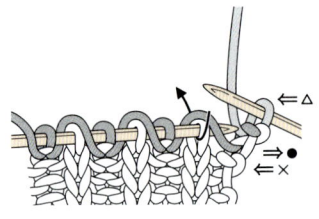

4 1~3을 반복한다.

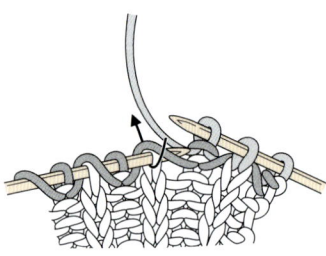

5 다음 단의 2번째 코는 걸기코와 함께 대바늘을 넣고 겉뜨기로 뜬다.

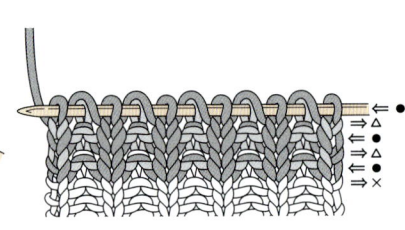

6 3번째 코는 안뜨기로 뜨고, 4번째 코는 걸기코와 함께 겉뜨기로 뜬다. 1~6을 반복한다.

7 영국 고무뜨기(안뜨기 끌어올려뜨기)를 5단 뜬 모습.

[영국 고무뜨기(겉뜨기 끌어올려뜨기)]

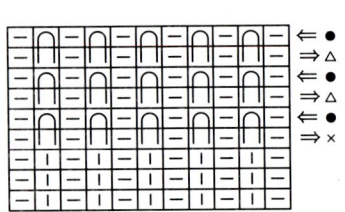

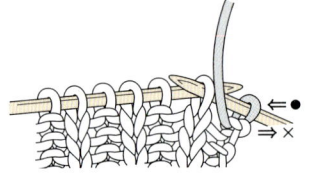

1 겉뜨기는 뜨지 않은 채로 옮기고

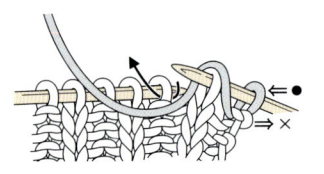

2 대바늘에 실을 건다. 다음 코에 대바늘을 넣고 안뜨기로 뜬다.

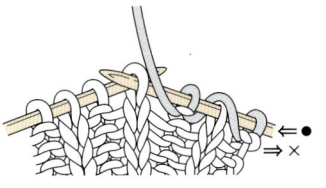

3 1, 2를 반복한다.

Basic Symbols

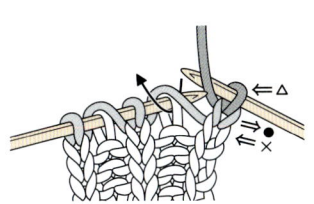
4 다음 단의 2번째 코는 걸기코와 함께 대바늘을 넣고 안뜨기로 뜬다.

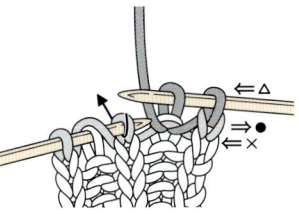
5 3번째 코는 겉뜨기로 뜬다. 4, 5를 반복한다.

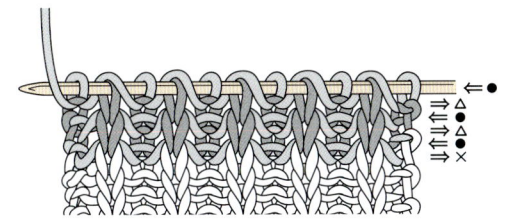
6 영국 고무뜨기(겉뜨기 끌어올려뜨기)를 5단 뜬 모습.

[영국 고무뜨기(양면 끌어올려뜨기)]

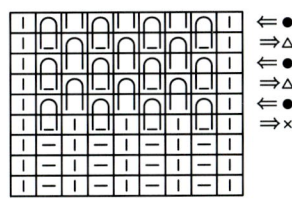
1 안뜨기는 뜨지 않은 채로 옮기고, 대바늘에 실을 건다. 다음 코에 대바늘을 넣고

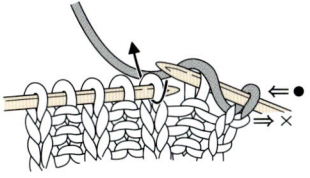
2 겉뜨기로 뜬다. 1, 2를 반복한다.

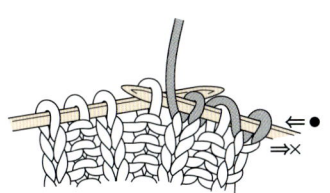
3 다음 단의 2번째 코는 걸기코와 함께 대바늘을 넣고

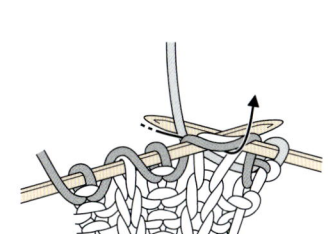
4 겉뜨기로 뜬다.

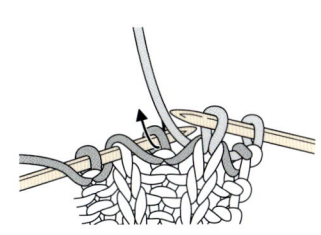
5 다음 안뜨기는 뜨지 않은 채로 옮기고, 대바늘에 실을 건다. 3~5를 반복한다.

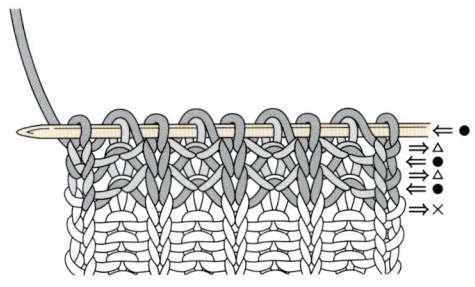
6 영국 고무뜨기(양면 끌어올려뜨기)를 5단 뜬 모습.

[3코 5단 구슬뜨기]

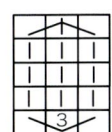

1코에서 여러 코를 떠내는 구슬뜨기다. 3코 3단 구슬뜨기도 같은 요령으로 뜬다. 마지막 3코 모아뜨기는 오른코 또는 왼코 겹쳐 모아뜨기인 경우도 있다.

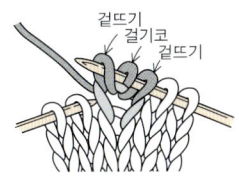
1 1코에 '겉뜨기 1코, 걸기코, 겉뜨기 1코'를 뜬다.

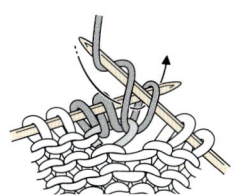
2 편물을 뒤집은 뒤 안면을 보고 안뜨기를 3코 뜬다.

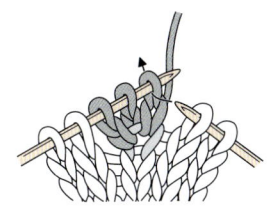
3 편물을 뒤집은 뒤 겉면을 보고

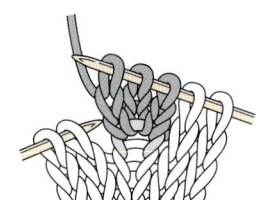
4 겉뜨기 3코를 뜬다. 다시 편물을 뒤집은 뒤 안뜨기를 1단 더 뜬다.

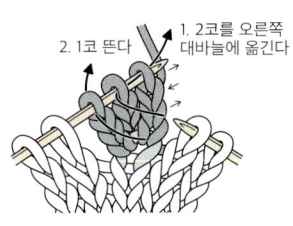
5 오른쪽 2코에 화살표와 같이 대바늘을 넣어 옮기고, 3번째 코를 겉뜨기로 뜬다.

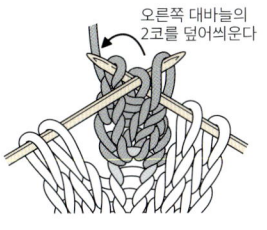
6 옮긴 2코에 왼쪽 대바늘을 넣고 3번째 코에 덮어씌운다.

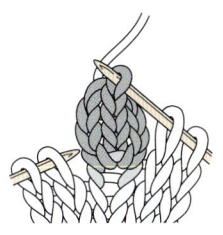
7 3코 5단 구슬뜨기 완성.

Basic Symbols

[걸러뜨기]

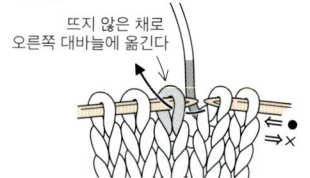

1 실을 뒤에 놓고 화살표와 같이 대바늘을 넣어 코는 뜨지 않은 채로 오른쪽 대바늘에 옮긴다.

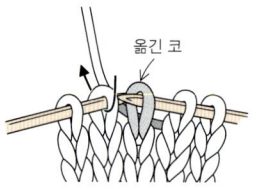

2 다음 코에 대바늘을 넣고

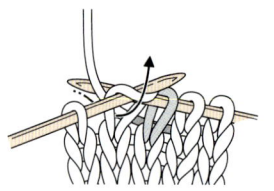

3 겉뜨기로 뜬다.

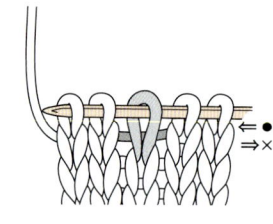

4 걸러뜨기 완성.

2단일 때

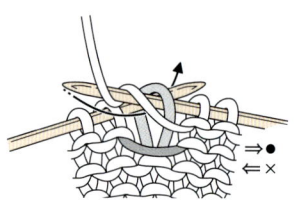

5 다음 단은 화살표와 같이 대바늘을 넣고

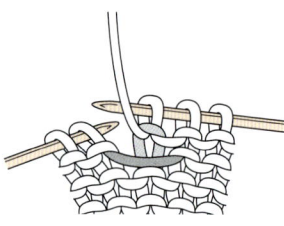

6 안뜨기로 뜬다.

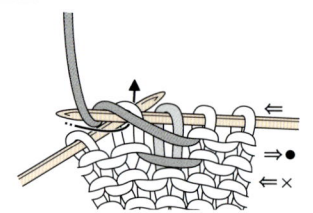

1 안뜨기 단에서 실을 앞에 놓고 코는 뜨지 않은 채로 옮긴 뒤, 다음 코를 안뜨기로 뜬다.

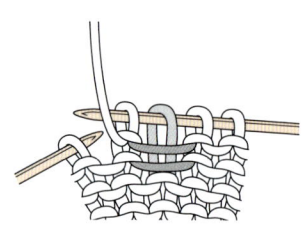

2 2단 걸러뜨기 완성.

[걸러 안뜨기]

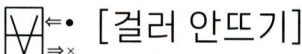

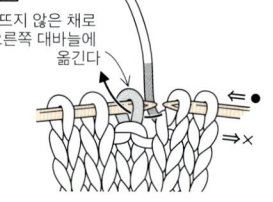

1 실을 뒤에 놓고 화살표와 같이 대바늘을 넣어 코는 뜨지 않은 채로 오른쪽 대바늘에 옮긴다.

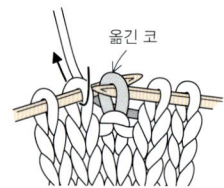

2 다음 코에 대바늘을 넣고

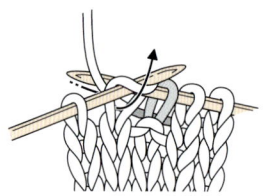

3 겉뜨기로 뜬다.

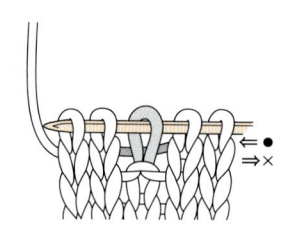

4 걸러 안뜨기 완성.

2단일 때

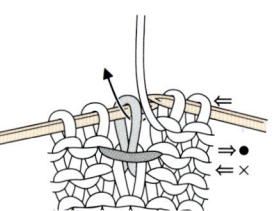

5 다음 단은 화살표와 같이 대바늘을 넣고

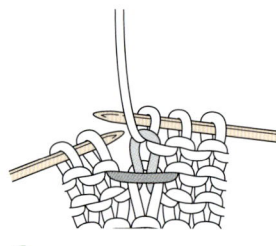

6 안뜨기로 뜬다.

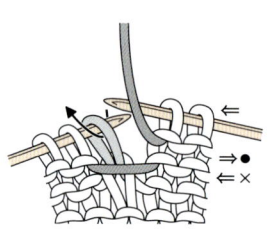

1 안뜨기 단에서 실을 앞에 놓고 코는 뜨지 않은 채로 옮긴다.

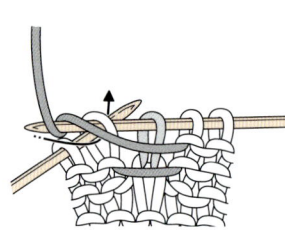

2 다음 코를 안뜨기로 뜬다.

[걸쳐뜨기]

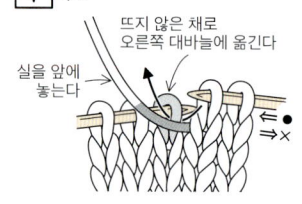

1 실을 앞에 놓고 화살표와 같이 대바늘을 넣어 코는 뜨지 않은 채로 오른쪽 대바늘에 옮긴다.

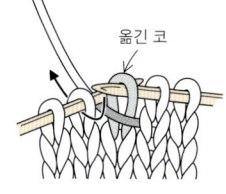

2 다음 코에 대바늘을 넣고

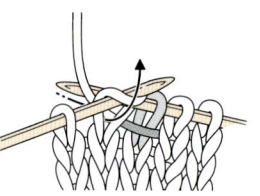

3 겉뜨기로 뜬다.

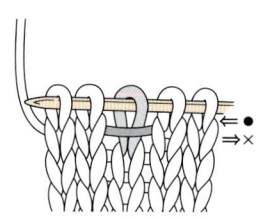

4 걸쳐뜨기 완성.

Basic Symbols

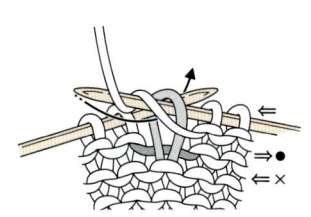
5 다음 단은 화살표와 같이 대바늘을 넣고

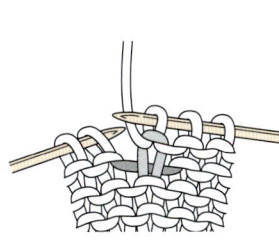
6 안뜨기로 뜬다.

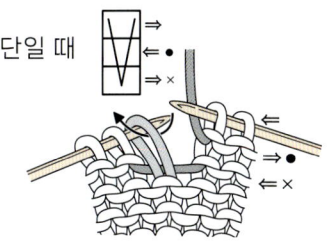
2단일 때
1 안뜨기 단에서 실을 뒤에 놓고 코는 뜨지 않은 채로 옮긴다.

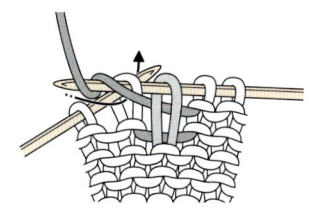
2 다음 코를 안뜨기로 뜬다.

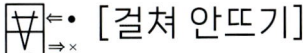
[걸쳐 안뜨기]

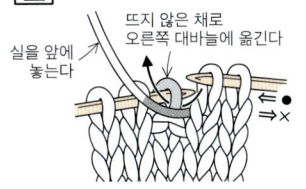
1 실을 앞에 놓고 화살표와 같이 대바늘을 넣어 코는 뜨지 않은 채로 오른쪽 대바늘에 옮긴다.

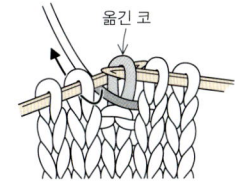
2 다음 코에 대바늘을 넣고

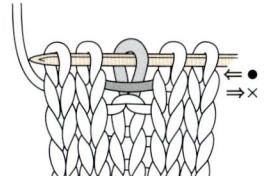
3 겉뜨기로 뜬다. 걸쳐 안뜨기 완성.

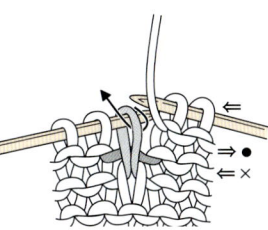
4 다음 단은 화살표와 같이 대바늘을 넣고

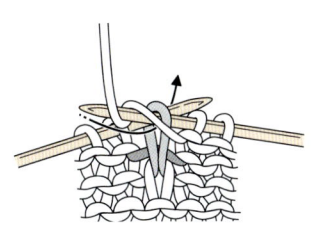
5 대바늘에 실을 걸어 빼내

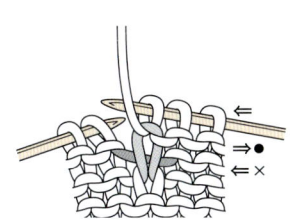
6 안뜨기로 뜬다.

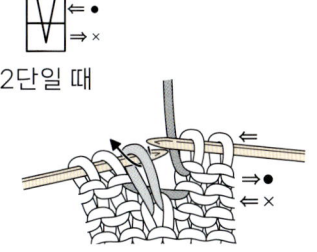
2단일 때
7 안뜨기 단에서 실을 뒤에 놓고 코는 뜨지 않은 채로 옮긴다.

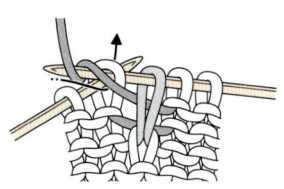
8 다음 코를 안뜨기로 뜬다.

[한길 긴뜨기 2코 구슬뜨기(사슬 3코의 기둥코)]

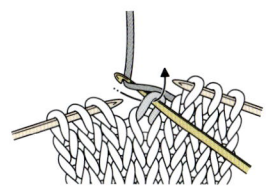
1 코의 앞에서 코바늘을 넣고 실을 걸어 빼낸다.

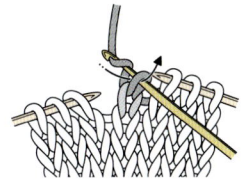
2 기둥코인 사슬 3코를 뜬다.

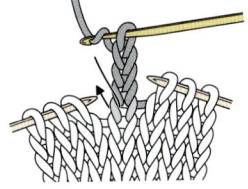
3 코바늘에 실을 걸고, 사슬을 떠낸 코와 같은 코에 코바늘을 넣는다.

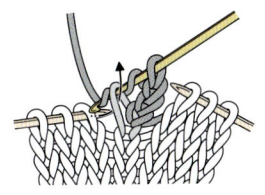
4 코바늘에 실을 걸고 넉넉하게 빼낸다.

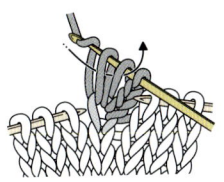
5 코바늘에 실을 걸고 바늘 끝에 걸린 2코 안으로 빼낸다(미완성 한길 긴뜨기).

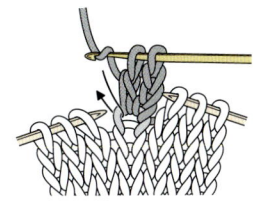
6 미완성 한길 긴뜨기를 1코 더 뜬다.

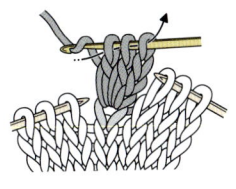
7 코바늘에 실을 걸고 모든 코 안으로 한 번에 빼낸다.

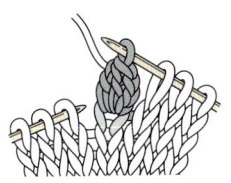
8 코바늘의 코를 오른쪽 대바늘에 옮긴다. 한길 긴뜨기 2코 구슬뜨기 완성.

Basic Symbols

[긴뜨기 3코 구슬뜨기(사슬 2코의 기둥코)]

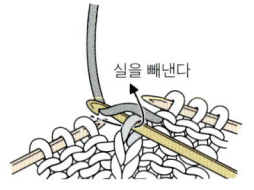
1 코의 앞에서 코바늘을 넣고 실을 걸어 빼낸다. 기둥코인 사슬 2코를 뜬다.

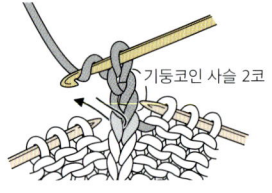
2 코바늘에 실을 걸어 첫 코에 코바늘을 넣고

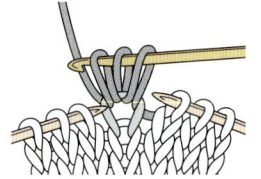
3 미완성 긴뜨기를 뜬다.

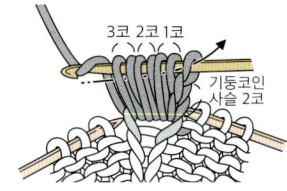
4 미완성 긴뜨기를 2코 더 뜬다. 코바늘에 실을 걸고 모든 코 안으로 한 번에 빼낸다.

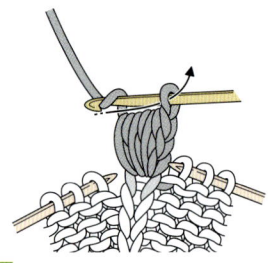
5 다시 한 번 코바늘에 실을 걸어서 빼내고

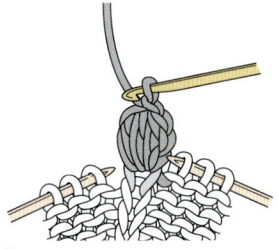
6 코를 조인 뒤 코를 오른쪽 대바늘에 옮긴다.

[긴뜨기 3코 구슬뜨기]

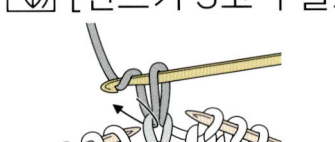
1 코의 앞에서 코바늘을 넣고 실을 걸어 길게 빼낸다.

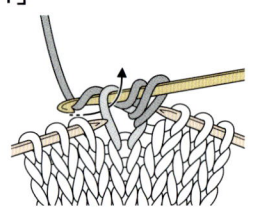
2 미완성 긴뜨기를 뜬다.

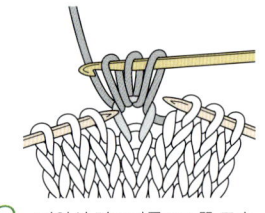
3 미완성 긴뜨기를 1코 뜬 모습.

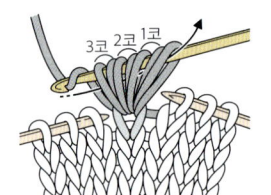
4 미완성 긴뜨기를 2코 더 뜬다. 코바늘에 실을 걸고 모든 코 안으로 한 번에 빼낸다.

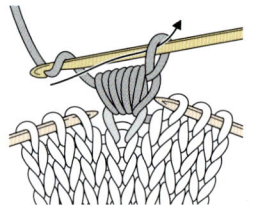
5 다시 한 번 코바늘에 실을 걸고 빼내고

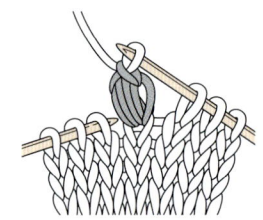
6 코를 조인 뒤 코를 오른쪽 대바늘에 옮긴다.

[드라이브뜨기(2회 감기)]

1 코에 대바늘을 넣고 실을 2회 감아 빼낸다.

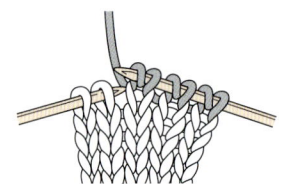
2 코를 빼낸 모습.

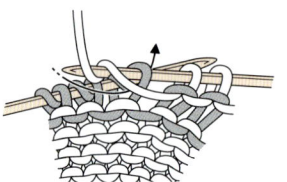
3 다음 단은 실을 감은 코에 화살표와 같이 대바늘을 넣고

4 대바늘을 빼면서 안뜨기로 뜬다.

[왼코에 꿴 매듭뜨기(3코일 때)]

1 3번째 코에 대바늘을 넣고 화살표와 같이 오른쪽 2코에 덮어씌운다.

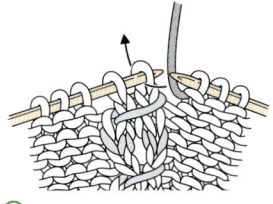
2 덮어씌운 뒤 대바늘을 빼고 1번째 코를 겉뜨기로 뜬다.

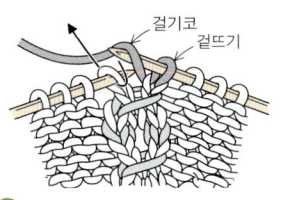
3 그다음에 걸기코를 하고 2번째 코를 겉뜨기로 뜬다.

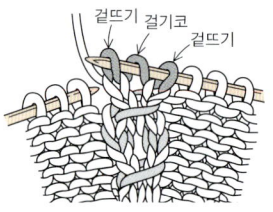
4 왼코에 꿴 매듭뜨기(3코일 때) 완성.

Instructions

미니 머플러
page 5

[재료와 도구]
리치모어 퍼센트 하늘색(25) 70g, 갈색(100) 65g, 황록색(33) 65g 줄무늬 머플러 갈색(100) 30g, 황금색(102) 30g, 대바늘 5호

[완성 치수] 도안 참고
*촬영용으로 제작한 것이므로 실제 사용하기에는 길이가 다소 짧습니다. 원하는 길이만큼 떠서 사용하세요.

[뜨는 법]
손가락에 실을 걸어서 기초코를 만들어 뜨기 시작해 각각 무늬뜨기 또는 줄무늬 메리야스뜨기로 뜨고, 뜨개 끝은 덮어씌워 코막음합니다. 황록색 머플러는 겉뜨기는 안뜨기로, 안뜨기는 겉뜨기로 뜨면서 덮어씌워 코막음합니다.

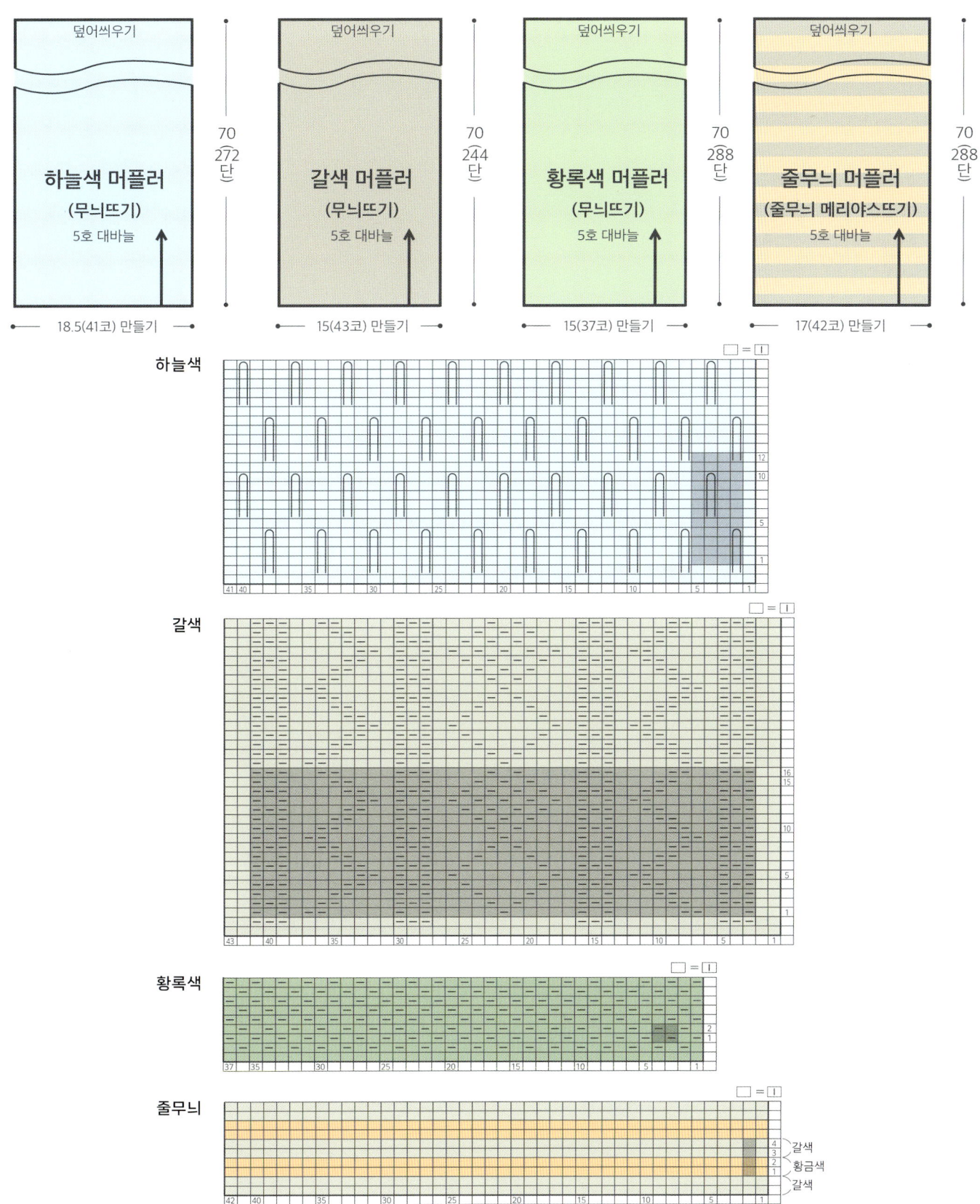

Chart & Instructions

미니 스톨
page 25

[재료와 도구] 퍼피 코튼 코나 검정색(18) 115g, 대바늘 4호
[완성 치수] 너비 16cm, 길이 160cm
[뜨는 법]
손가락에 실을 걸어서 기초코를 만들어 뜨기 시작해 무늬뜨기로 뜹니다. 뜨개 끝은 쉼코를 하고 메리야스 잇기로 연결합니다.

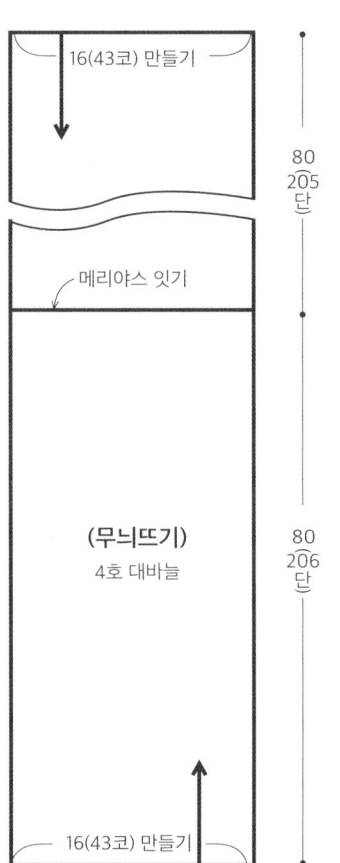

무늬뜨기

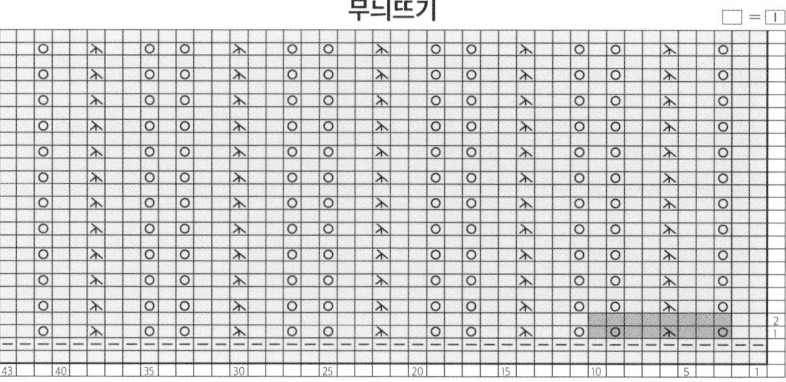

no.64
page 48

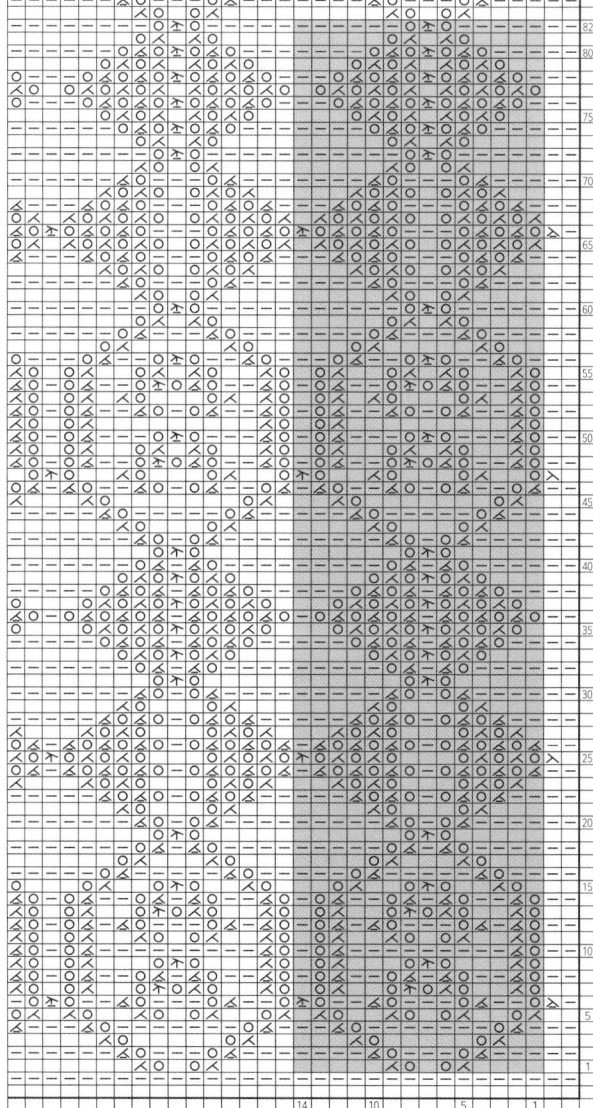

no.63
page 48

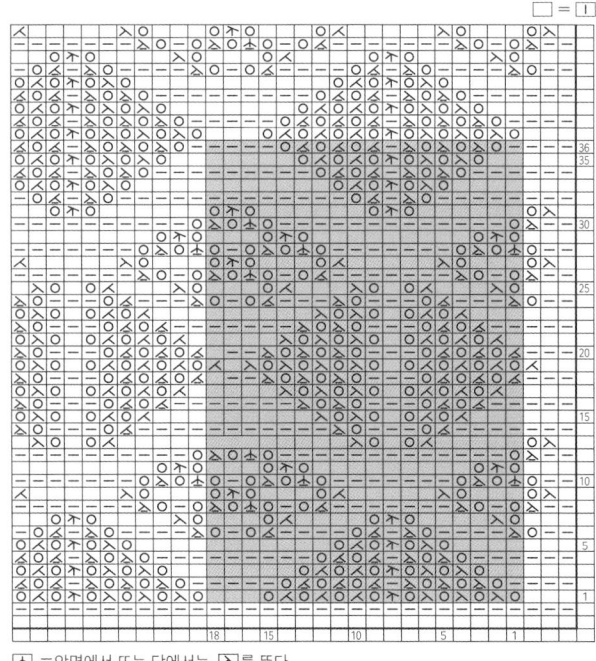

⚠ =안면에서 뜨는 단에서는 ⚠를 뜬다

Instructions

손모아장갑
page 53

[재료와 도구]
리치모어 퍼센트 빨간색(74) 60g, 대바늘 5호·3호, 코바늘 4/0호
[완성 치수] 손바닥 둘레 18㎝, 길이 24.5㎝
[뜨는 법]
손가락에 실을 걸어서 기초코를 만들어 뜨기 시작해 2코 고무뜨기, 안메리야스뜨기, 무늬뜨기로 뜹니다. 엄지 위치는 별실을 떠 넣어둡니다. 기호도를 참고해 손끝의 줄임코를 하고, 마지막에는 모든 코에 실을 끼우고 오므려 마무리합니다. 엄지는 엄지 위치의 별실을 풀어 코를 주워 안메리야스로 뜨고, 마무리로는 모든 코에 실을 끼워 오므립니다.

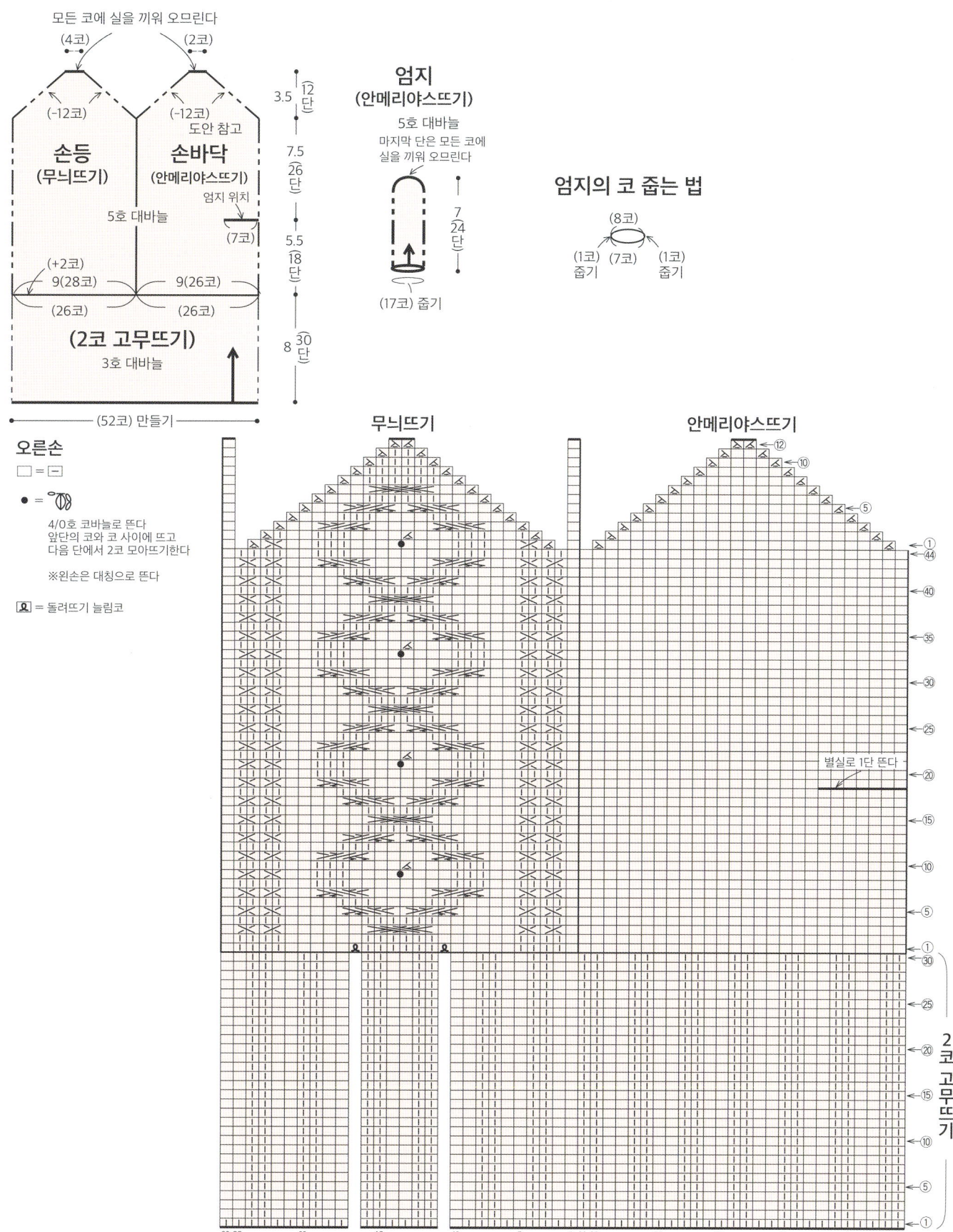

Instructions

양말
page 87

[재료와 도구]
리치모어 퍼센트 갈색(100) 80g, 황록색(33) 10g, 황금색(102) 5g, 대바늘 4호·3호

[완성 치수] 바닥 길이 23.5㎝, 총 길이 29㎝

[뜨는 법]
손가락에 실을 걸어서 기초코를 만들어 뜨기 시작해 무늬뜨기 A·B, 메리야스뜨기로 원형으로 뜹니다. 발뒤꿈치 위치는 별실을 떠 넣어둡니다. 발뒤꿈치는 별실을 풀어 코를 주워 메리야스뜨기로 뜹니다. 발끝, 발뒤꿈치 모두 메리야스 잇기로 연결해 마무리합니다.

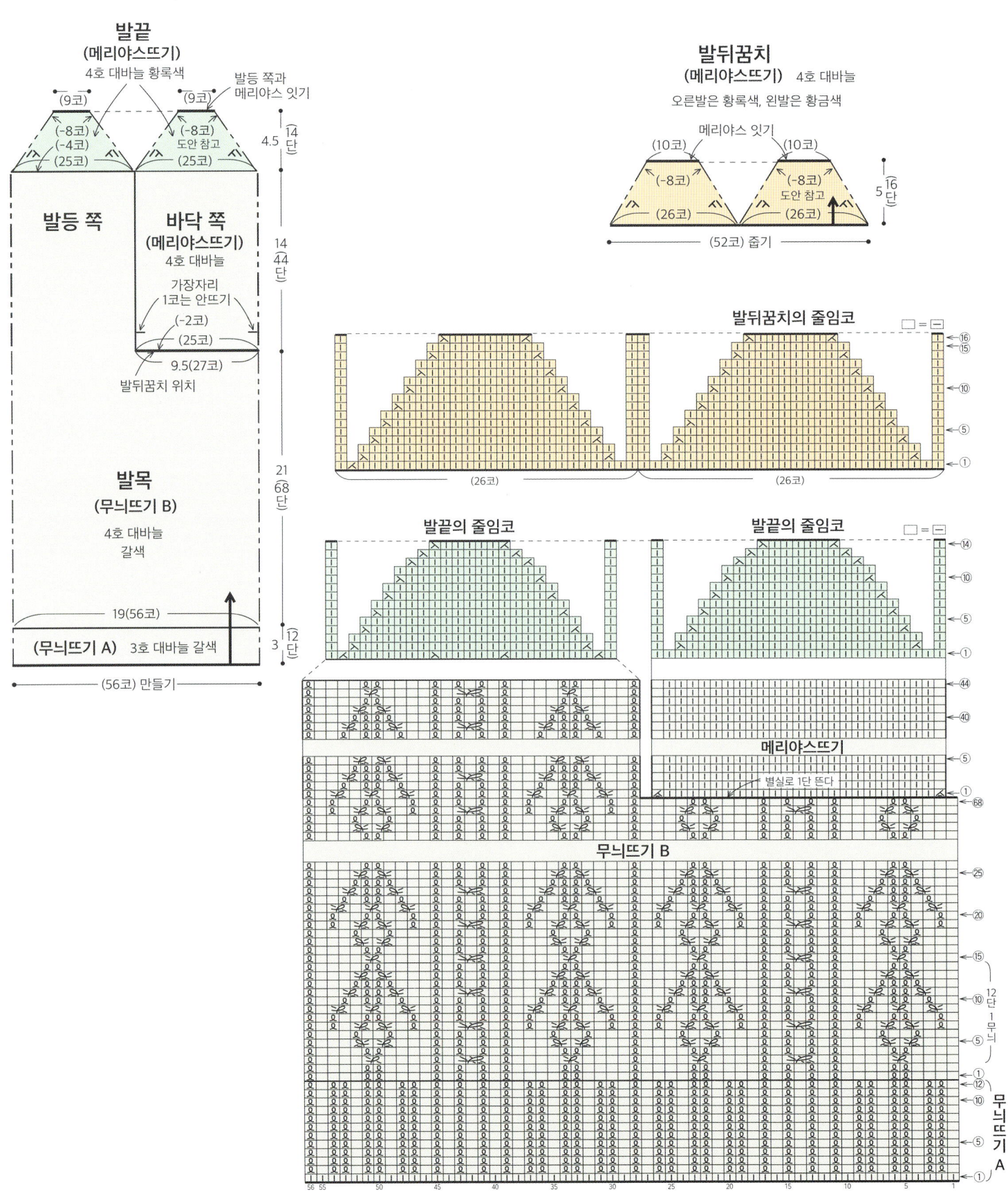

Chart

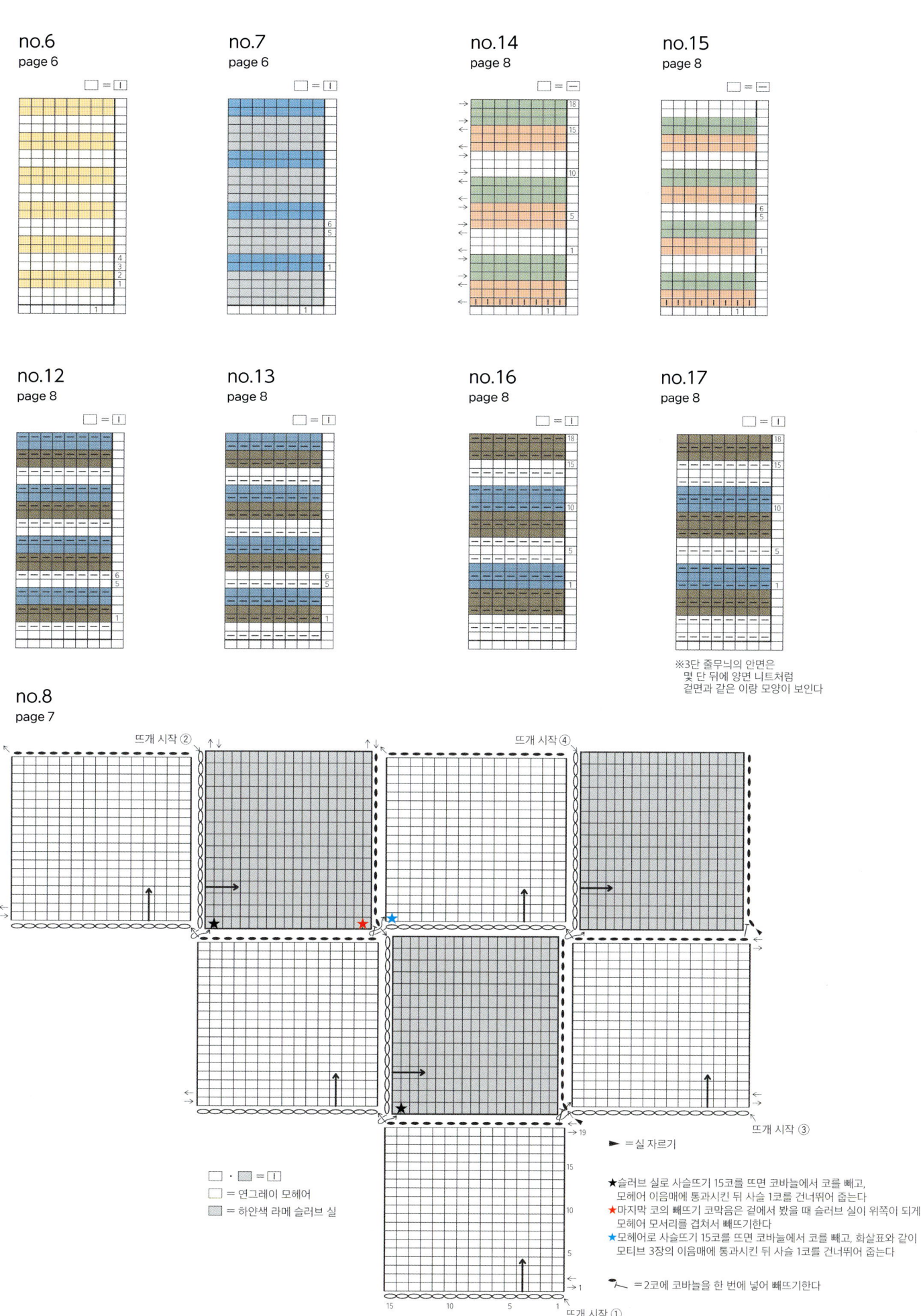

Chart

no.18
page 9

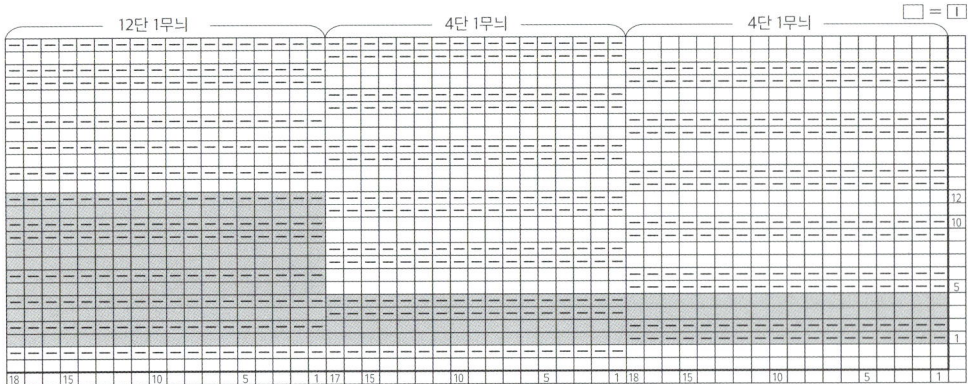

no.33
page 15

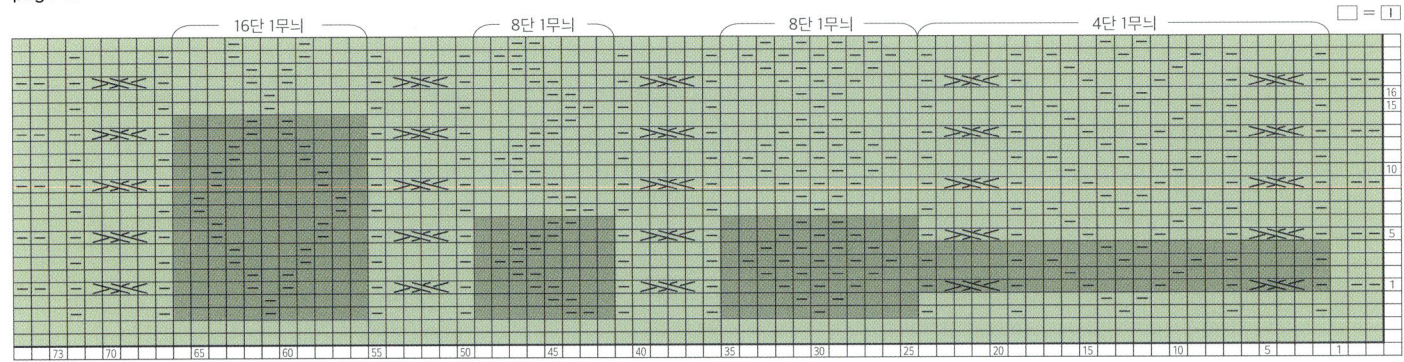

no.23
page 11

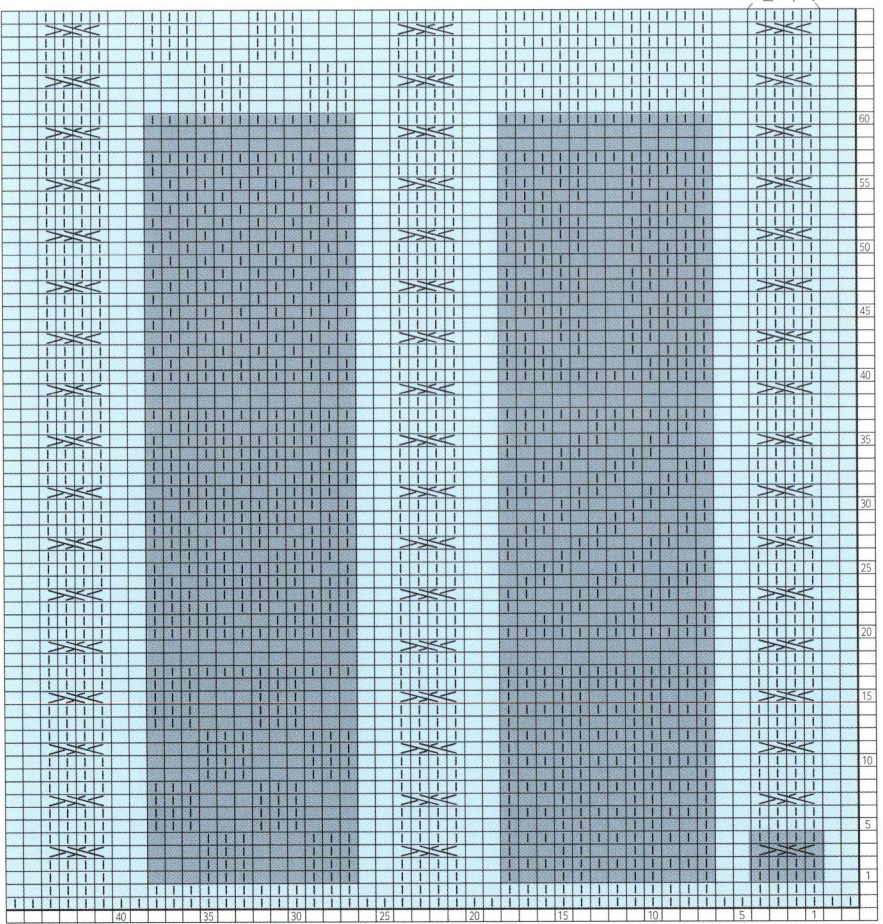

Chart

no.32
page 14

no.37
page 19

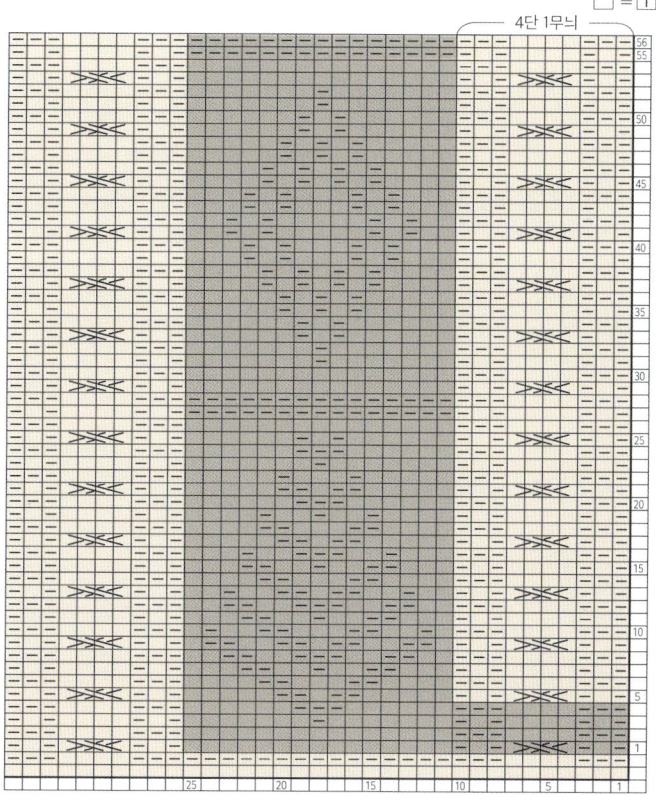

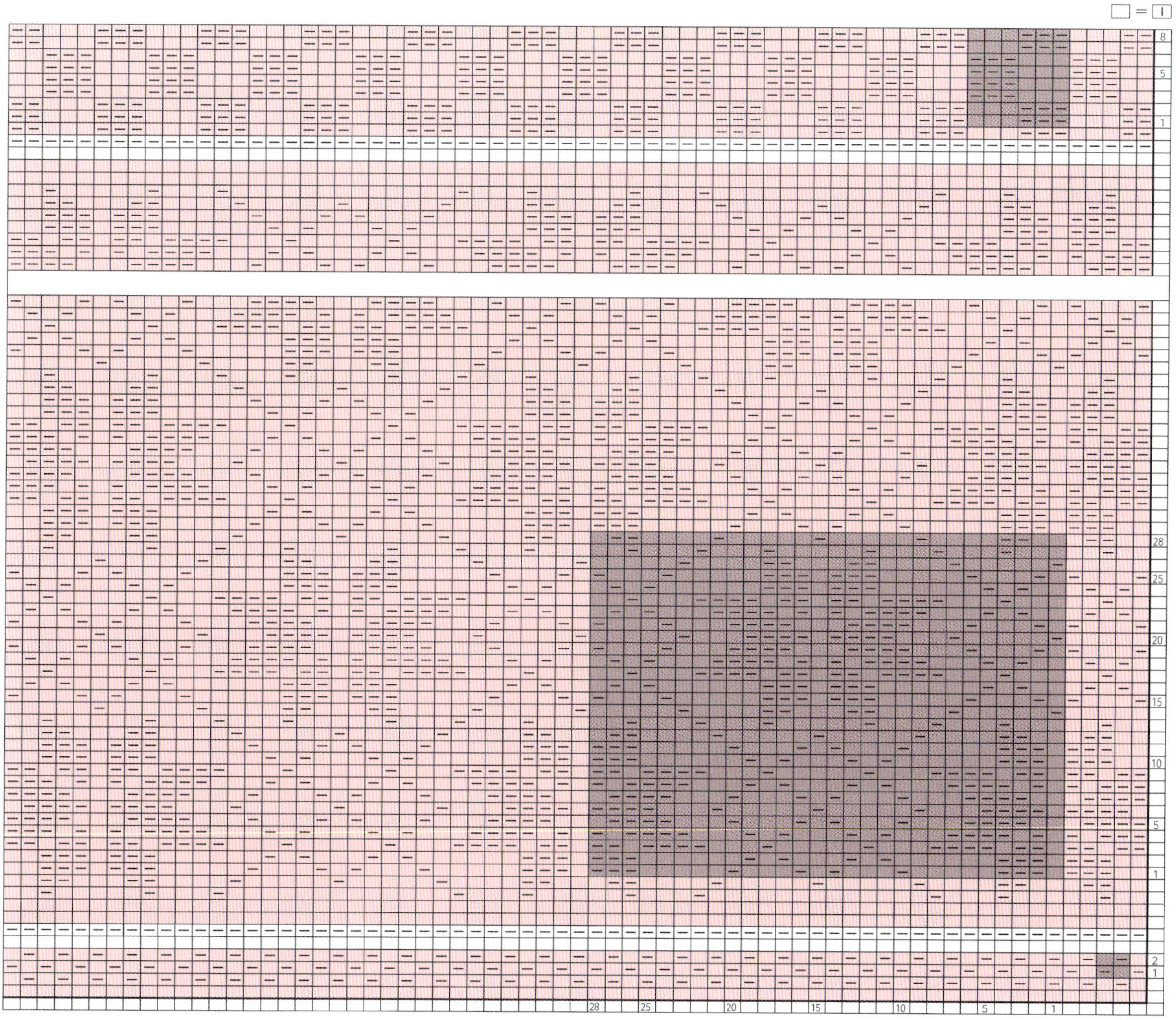

123

Chart

no.50
page 43

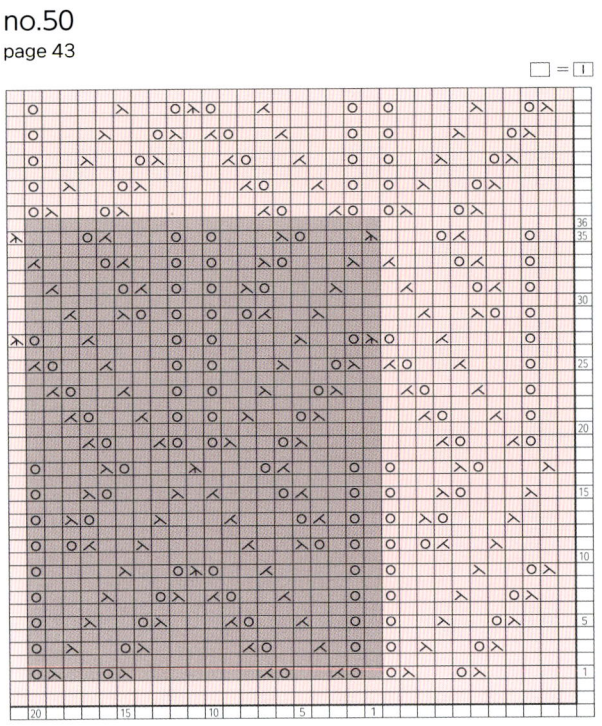

no.51
page 43

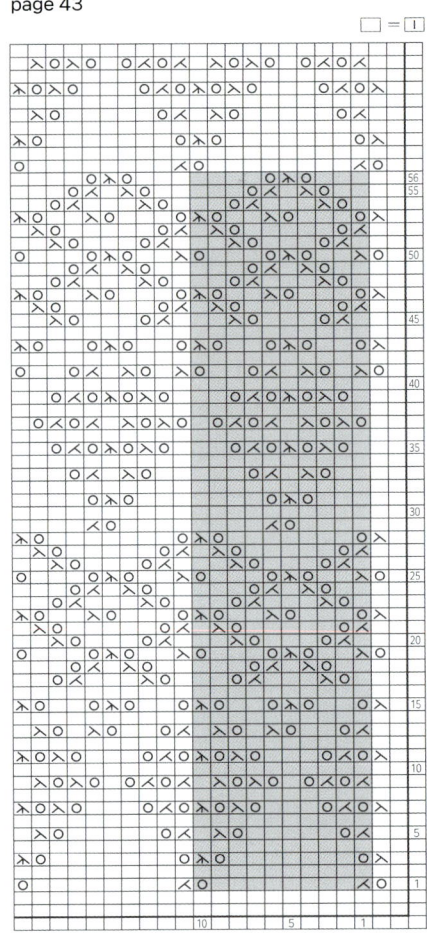

no.62
page 47

Chart

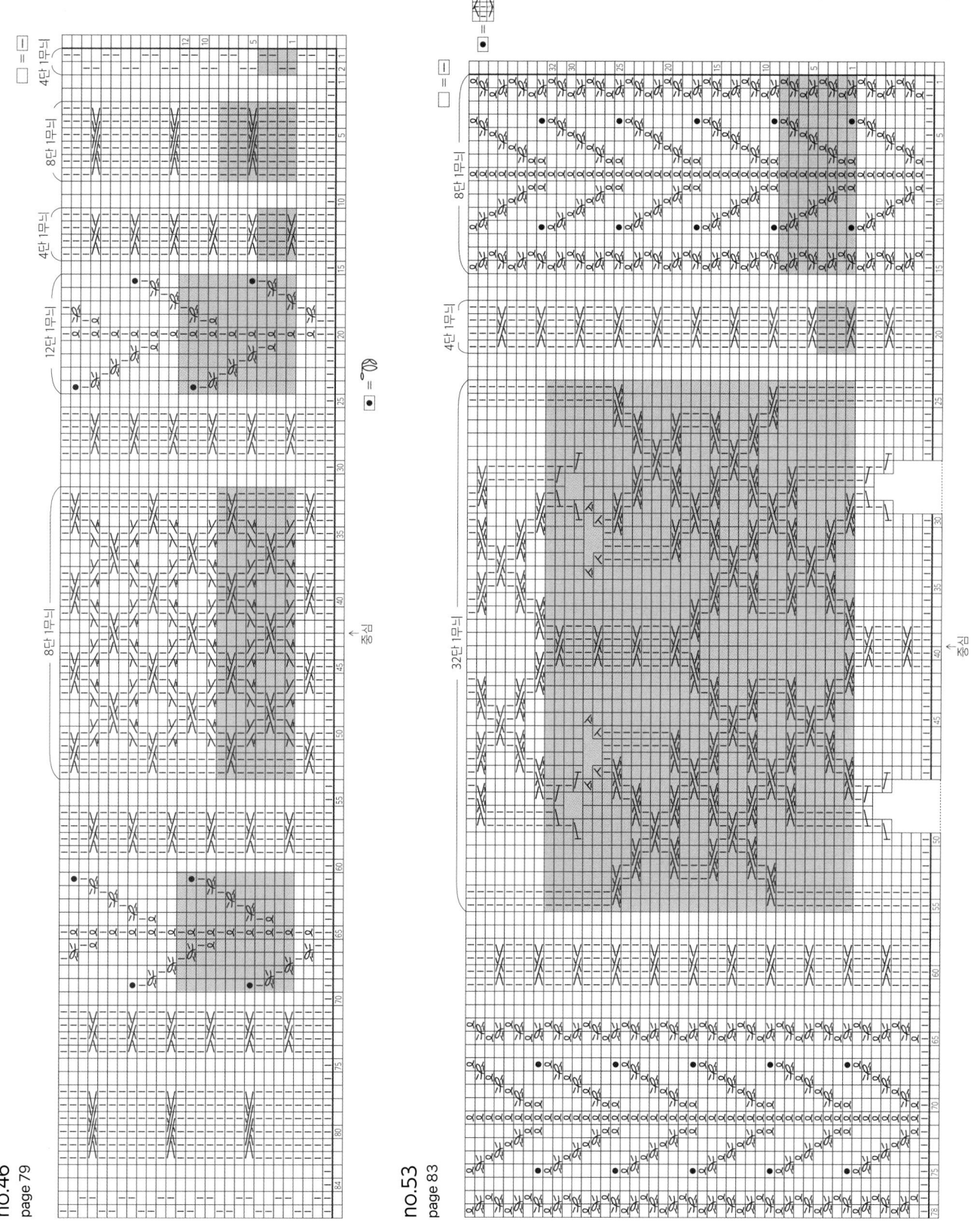

no.46
page 79

no.53
page 83

Chart

no.65
page 49

[symbol] = 안면에서 뜨는 단에서는 [symbol]를 뜬다

no.47
page 80

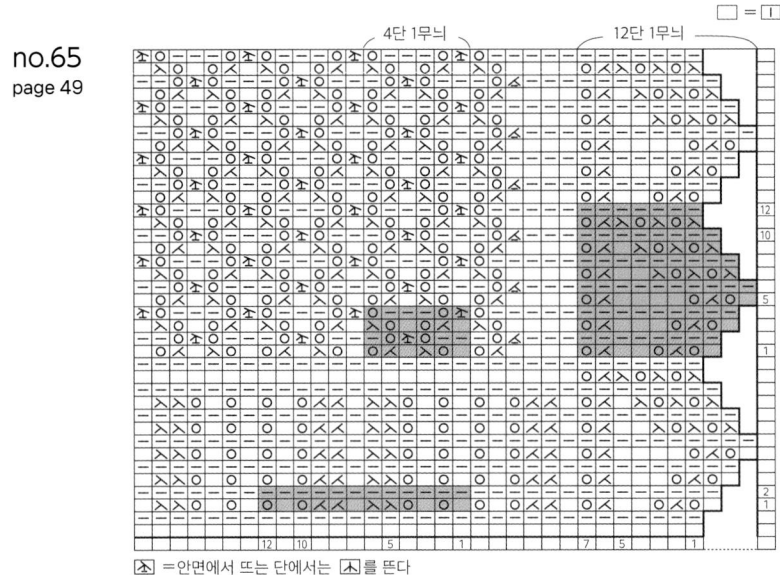

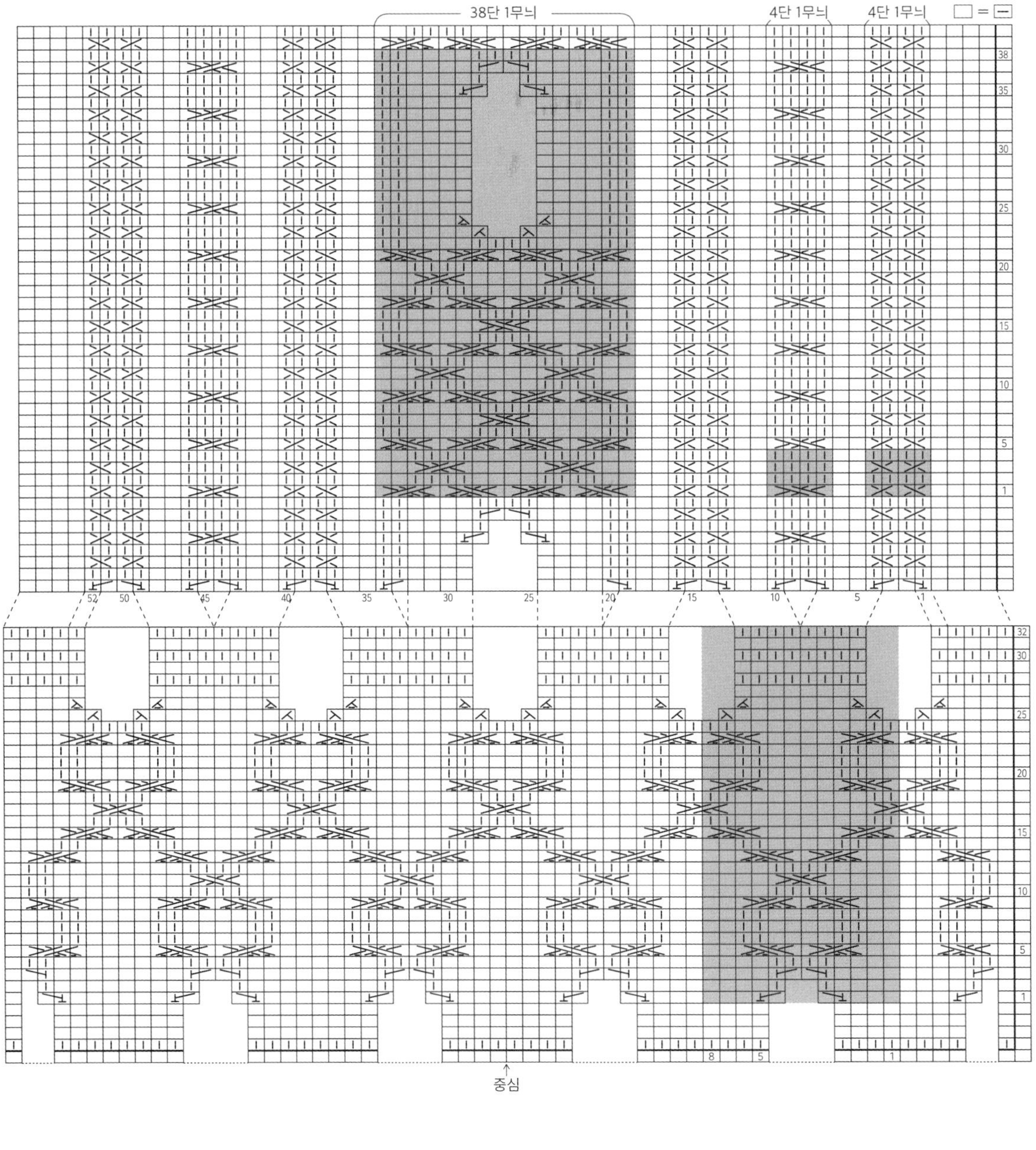

Chart

no.48
page 81

[❷] = 돌려뜨기 늘림코

이 책에서 사용한 실

겉뜨기와 안뜨기…퍼피=셰틀랜드, 처비, 스팽글 코튼, 키드 모헤어 파인, 코튼 코나, 프린세스 아니 리치모어=퍼센트, 르나르, 엑설런트 모헤어 '카운트 10', 토핑 몰, 수빈 골드 테이프 '프린트', 코튼 울 퍼프 올림포스=블룸, 수플레

레이스…퍼피=코튼 코나 제이미슨&스미스=2ply

케이블과 아란…퍼피=셰틀랜드, 브리티시 에로이카, 퀸 아니 리치모어=퍼센트

고무뜨기와 돌려뜨기…리치모어=퍼센트

"KAZEKOBO NO OKINIIRI BOBARIMOYO 200" (NV 70167)
by Kazekobo
Copyright © Kazekobo / NIHON VOGUE-SHA 2012
All rights reserved.
First published in Japan in 2012 by NIHON VOGUE Corp.
Photographer : Noriaki Moriya
This Korean edition is published by arrangement with NIHON VOGUE Corp., Tokyo
in care of Tuttle-Mori Agency, Inc., Tokyo, through Botong Agency, Seoul.

이 책의 한국어판 저작권은 Botong Agency를 통한 저작권자와의 독점 계약으로 한스미디어가 소유합니다.
신 저작권법에 의하여 한국 내에서 보호를 받는 저작물이므로 무단전재와 무단복제를 금합니다.

바람공방의 무늬 패턴집 200

1판 1쇄 인쇄 | 2025년 11월 14일
1판 1쇄 발행 | 2025년 11월 21일

지은이 바람공방(핫타 요코)
옮긴이 배혜영
펴낸이 김기옥

라이프스타일팀장 이나리
편집 장윤선, 김민주
마케터 이지수
지원 고광현, 김형식

디자인 부가트디자인
인쇄·제본 민언프린텍

펴낸곳 한스미디어(한즈미디어(주))
주소 04037 서울시 마포구 양화로 11길 13(서교동, 강원빌딩 5층)
전화 02-707-0337 | **팩스** 02-707-0198 | **홈페이지** www.hansmedia.com
출판신고번호 제 313-2003-227호 | **신고일자** 2003년 6월 25일

ISBN 979-11-94777-68-7 (13590)

· 책값은 뒤표지에 있습니다.
· 잘못 만들어진 책은 구입하신 서점에서 교환해 드립니다.
· 이 책에 게재되어 있는 작품을 복제하여 판매하는 것은 금지되어 있습니다.